Tracy McMillan

PERCHÉ NON SEI (ANCORA) SPOSATA?

Tutto quello che devi sapere per avere la relazione che meriti

Traduzione di Anna Talò

CORBACCIO

Titolo originale: *Why You're Not Married... Yet*
Traduzione dall'originale americano di *Anna Talò*

Nota dell'autrice
Per rispetto della privacy, ho cambiato i nomi delle donne e degli uomini che compaiono nel libro e ne ho alterato le caratteristiche fisiche e le vicende biografiche che avrebbero potuto renderli riconoscibili.

Per essere informato sulle novità
del Gruppo editoriale Mauri Spagnol visita:
www.illibraio.it
www.infinitestorie.it

Basato sulla rubrica «Why You're Not Married» pubblicata da *The Huffington Post*

Casa Editrice Corbaccio è un marchio di Garzanti Libri S.p.A.
Gruppo editoriale Mauri Spagnol

www.corbaccio.it

ISBN 978-88-6380-366-2

Sommario

Quiz

I 38 motivi per cui potresti aver bisogno di questo libro

Rispondi il più onestamente possibile. Se non sei sicura, non farti problemi e passa alla domanda successiva.

Vero o falso

1. Qualche volta mi chiedo che senso abbia, in fondo, stare in coppia.
2. La cosa che più mi piace è *avere ragione.*
3. Voglio davvero essere amata per ciò che sono.
4. Lavoro così tanto che ho pensato di imbiancare il mio ufficio.
5. Le brave persone mi annoiano a morte.
6. Ho più di due figliocci (aggiungi un punto per ogni altro figlioccio).
7. L'aspetto non è importante, a meno che un uomo non sia anche povero e stupido.
8. Ho una laurea specialistica in una materia senza sbocchi professionali.
9. Non ho mai tradito nessuno, mai. Eccetto quella volta...
10. Man mano che si allontana l'età fertile, la mia età si colloca fra « Non me ne frega niente » a « Ommioddio ».
11. Il cuore di un uomo passa attraverso i suoi zebedei.
12. Ho spiato nel cellulare o nel computer di un uomo.
13. Ho inoltrato al mio indirizzo email messaggi dal cellulare o dal computer di un uomo (aggiungi tre punti).

14. Mi sono presentata a sorpresa sul luogo di lavoro di un uomo.
15. Qualche volta mi chiedo come abbiano potuto costruire la Grande Muraglia Cinese senza i miei consigli.
16. Mi hanno detto che sono bisognosa d'affetto. Ed è una stronzata.
17. Ho chiuso una relazione con un sms o con un messaggio lasciato sulla segreteria telefonica.
18. Ho visto la foto di un uomo in Rete e ho sentito che l'avrei sposato (se l'hai sposato *davvero*, aggiungi dieci punti).
19. Sono abbastanza sicura di essere una veggente.
20. A tutto questo, va aggiunto che sono stata in terapia per più di cinque anni.
21. Ho l'abbonamento a *Us Weekly* (a *In Touch*, aggiungi cinque punti. A *O*, aggiungi otto punti).*
22. Ho atteggiamenti o abitudini che giuro cambierò non appena si farà vivo colui che diventerà mio marito.
23. *Lasciar andare* è sopravvalutato. A me piace aggrapparmi alle cose.
24. Preferisco uscire con uomini che hanno un lavoro, l'aspetto e una famiglia migliori dei miei.
25. Qualche volta penso che sono grassa/brutta/stupida, ma *non* ho scarsa autostima.
26. La mia libreria è piena di manuali di autoaiuto.
27. Ho letto *Twilight*. (Se l'hai finito, aggiungi tre punti. Se hai comprato i biglietti per il film in prevendita, aggiungi sette punti. Se ti sei accampata fuori per non perdere il tuo posto in coda, aggiungi ventitré punti.)
28. Ho provato il balletto di *Single Ladies* almeno una volta.

* *Us Weekly* e *In Touch* sono periodici dedicati principalmente al gossip, *O* è la rivista fondata da Oprah Winfrey. (*N.d.T.*)

29. Scopro il segno zodiacale di un uomo entro la prima settimana.
30. So cos'è zabasearch.com.*
31. Ho spedito a un uomo un'email o un sms tenero, o un pupazzetto di peluche dentro una tazza, anche quando non ci stavamo frequentando ufficialmente.
32. Mio padre era un bugiardo, un traditore, un giocatore d'azzardo, un criminale e/o cattivo.
33. Mia madre era un'ubriacona, una depressa, non mancava un party, era bellissima e/o molto ben vestita.
34. I miei fratelli e sorelle erano più belli, più intelligenti, più atletici e/o il tipo di persone che amano comandarti a bacchetta.
35. Il cane di famiglia era un pervertito, o aveva altri problemi psicologici.
36. Ho già scelto i nomi per i miei figli (se sono Bella o Edward, aggiungi dodici punti).
37. Sono single e non riesco a capire perché.
38. Sposarsi è stupido. E gli uomini fanno schifo.

Somma il tuo punteggio

Un punto per ogni «Vero», più un punto extra ove indicato. Non imbrogliare.

1-9 PUNTI: HAI PIÙ O MENO BISOGNO DI QUESTO LIBRO

Ma sei abbastanza certa di sapere già tutto quel che c'è scritto. Allora dagli una letta veloce e poi fai un favore alla tua migliore amica, sorella, nemicamica, o collega single, e compra un'altra copia per lei. Dille che lo trovi

* È un motore di ricerca che permette di scoprire informazioni sui residenti in Usa, compresi nomi, indirizzi passati e presenti, numeri di telefono, anno di nascita. (*N.d.T.*)

una cretinata, ma era così stupido che proprio dovevi regalarglielo. Dille che, quando l'avrà letto, voi ragazze potreste trovarvi per farvi una risata sulle stupidaggini che contiene. Incrocia le dita e spera che impari qualcosa.

10–19 PUNTI: HAI BISOGNO DI QUESTO LIBRO

In ambito medico esiste bene-bene, ma anche bene-ma-devi-curare-quella-certa-cosa. Tu sei il secondo caso. Non è che non avrai *mai* una relazione felice se non trovi cosa c'è in te che non va, solo che l'avrai molto prima se lo fai. È come un fungo: più a lungo aspetti a debellarlo, più peggiora. Devi solo sapere con che tipo/i di fungo hai a che fare. E quando avrai finito di leggere questo libro, lo saprai.

20–29 PUNTI: HAI ASSOLUTAMENTE BISOGNO DI QUESTO LIBRO

La tua vita amorosa è come la notte di San Silvestro, alla fine di un anno in cui hai molto mangiato, fumato e bevuto. Sei *esausta*. Nessuno nega che ti sia divertita, ma sei sollevata che quest'anno sia finito, così finalmente potrai fare qualche buon proposito e impegnarti a non seguirlo.

Per te questo libro è come il primo gennaio: un'occasione per ricominciare da capo e, questa volta, per farlo *bene*. E se hai paura di ricascarci, non temere, perché ciò che imparerai qui è che chi conduce le danze *sei* tu.

30 PUNTI E PIÙ: TU HAI DAVVERO DAVVERO DAVVERO BISOGNO DI QUESTO LIBRO

Sai già che qualcosa nella tua vita amorosa non funziona. Ciò che non sai è che *niente* nella tua vita amorosa funziona, ma non disperare. Lavorarci su sarà molto più facile e più divertente di quanto stai facendo ora, e cioè cercare di ignorare la situazione. Questo sì che è *faticoso*.

Introduzione

DAI VENTI AI TRENT'ANNI, SEI STATA BENE: hai lavorato, fatto shopping, ti sei ubriacata nei weekend, hai fatto sesso con il tuo ragazzo (o chiunque altro), non necessariamente in quest'ordine. Poi è successo qualcosa. Forse un altro compleanno. Hai chiuso una storia. Il matrimonio della tua migliore amica. Improvvisamente eri là: percorrevi la navata laterale, indossando un vestito quasi decente comprato da J. Crew, che avresti potuto portare ancora con un bel paio di stivali e una giacca di jeans. E mentre ti avvicinavi all'altare, guardando uno sposo che non era il tuo (non che tu abbia mai desiderato proprio lui in particolare), ti sei trovata, per la prima volta in assoluto, a pensare – *a sentire?* – qualcosa di pazzesco:

Perché non sei sposata? Perché non ci sei neppure *vicina*?

Razionalmente sai che non c'è nulla di sbagliato nel non essere sposata, ma allora perché invece sembra che sia così? È come se il Treno della Vita fosse pronto a partire, mentre tu sei bloccata, cercando di comprare il biglietto a una macchinetta che non funziona. Continui a strisciare la tua carta di credito, ma non accade nulla. Cominci a chiederti se è come in Europa, dove per funzionare la tua carta ha bisogno di un qualche magico chip incorporato. Il solo scopo di questo libro è aiutarti a fare qualcosa che forse non vuoi neppure ammettere di voler fare, se sei come molte donne che conosco. E quel qualcosa è *sposarti.*

Chiariamolo subito: questo libro non serve a trovare

un uomo. In effetti, non riguarda gli uomini quasi per nulla, perché sposarsi – come probabilmente avrai già capito – non significa trovare un uomo. Ci sono miliardi di uomini là fuori. La domanda è: come mai non sei sul punto di sposare qualcuno di loro?

Questo libro riguarda *te*. Parla del tipo di donna che sei. In particolare, se sei il tipo di donna pronta per il matrimonio. E se non lo sei, come puoi diventarlo. Naturalmente è probabile che pensi di essere *già* quella donna. Chi non lo farebbe? Una delle convinzioni su cui si basa questo libro è che probabilmente sei in grado di affrontare una buona, onesta analisi di ciò che sei – okay, una *migliore* e *più onesta* analisi – per capire quali potrebbero essere i tuoi difetti e come questi ti stanno tenendo al palo. È difficile che tu stia sbagliando tutto. Ma anche che tu stia facendo tutto giusto. Solo se sarai disponibile a scandagliare la tua anima, e a considerare con compassione qualsiasi cosa ci troverai, potrai crescere come persona... e il risultato sarà che sarai pronta (o più pronta) al matrimonio.

La premessa è che il matrimonio riguarda l'*amore*. Non il tipo di amore in cui ti senti come la protagonista di qualche stupefacente pubblicità di Banana Republic. Ma quello in cui corri un rischio, metti da parte il tuo ego, lasci cadere le tue difese e decidi di voler bene a un uomo per *quello che è*, non per ciò che vuoi da lui, persino se quel che vuoi da lui è volergli bene (e, ovviamente, sposarti e avere un bambino).

È proprio tanto semplice: se non sei sposata e vuoi sposarti, devi *esprimere* più amore. Non *avere* più amore. Esprimerlo. Sentirlo. Esserlo. Vederlo ovunque.

Come ha detto Madonna – lo so che è kitsch – devi aprire il tuo cuore.

Anelli d'oro e pistole

Chi sono io e perché dovresti darmi retta? Be', prima di tutto non sono il genere di esperta che non ha mai sbagliato nulla nelle sue relazioni sentimentali, e ora distribuisce tavole d'oro con incise le informazioni utili a sposarsi. Al contrario. Sono un (ex) disastro gigantesco, per quanto riguarda le storie d'amore; ma mi sono impegnata per guarire. Una specie di versione femminile di Robert Downey Jr. – se gli uomini fossero droga, e gli anelli d'oro delle pistole – che alla fine ha toccato il fondo.

Per più o meno gli ultimi dieci anni, sono stata una combinazione fra una terapeuta dilettante, una *love coach* (un'allenatrice sentimentale) e una sensale che organizzava appuntamenti, ma non per se stessa. La mia «attività» si teneva al distributore dell'acqua, in mensa, al bar o nel bagno delle signore: di solito dove si suppone che io stia facendo il mio vero lavoro (sono una sceneggiatrice per la televisione e il cinema e, prima di questo, ho scritto per quindici anni le notizie per radio e TV).

Non che io abbia mai cercato «clienti», ma approfondire questi temi è stato un modo per evolver*mi* (avevo un assoluto bisogno di evolvere), e mi trovavo sempre a passare a qualcun altro quello che avevo imparato, combinato con le mie intuizioni sulle persone e le esperienze fatte nelle mie relazioni. Man mano che gli anni passavano, ed è stata quasi una sorpresa, ho cominciato ad aiutare la gente. Non dimenticherò mai quella volta che stavo camminando in un grande centro commerciale a Beverly Hills e ho incontrato una mia conoscente. Eccitata, mi ha fermato per dirmi che era stata ispirata da una nostra deliziosa chiacchierata, fatta in un caffè due anni prima, e ora stava convivendo con un uomo meraviglioso che amava. Fantastico! Ero molto felice per lei ed ero felice di sapere che avevo contribuito in qualche modo al bene del mondo, anche se con poco (il succo di quella conversazione è diventato il capitolo 9).

Quello fu il primo di molti incontri. Da allora ho aiutato parecchie donne a imboccare la strada del matrimonio, di solito non perché ho spiegato loro come trovarsi un uomo, ma perché le ho aiutate a cambiare la loro prospettiva sull'essere donna. Questo ha modificato il loro modo di pensare a se stesse e di agire; e dopo un po' si veniva a sapere che stavano raggiungendo l'altare.

Ho anche un figlio adolescente. L'ho detto in passato, lo ripeterò: i ragazzi di quattordici anni sono la versione monocellulare, un protozoo di marito. Mi capita spesso di voler invitare a casa mia, per un giorno, le mie amiche single, così possono capire con chiarezza cosa vuol dire avere a che fare con gli uomini. Non che tutti gli uomini siano immaturi. È che tutti gli uomini hanno dentro loro stessi un aspetto che va d'accordo con la liceale che è in me. E per amarli (e amare me stessa), devo affrontare con realismo questo aspetto.

Poi c'è un'altra cosa importante che mi riguarda: sono stata sposata – e divorziata – tre volte (sì, tre). Una volta ogni decennio: negli anni Ottanta, Novanta e Duemila. In qualche modo, in quegli anni, sono riuscita a farci stare anche tre convivenze e quattro relazioni meno significative, in più mi sono consumata oltre misura per uomini al di fuori della mia portata, che non potevano o volevano amarmi. Ero una ragazza piena di impegni.

Nei miei decenni di appuntamenti (e matrimoni) ho rovinato così tante relazioni, e tentato di avere a tutti i costi così tante storie sbagliate in partenza, che ho imparato molto su cosa funziona e cosa no. Attualmente sono come una carcerata che ha studiato legge, e che ha lavorato sul suo caso con tale impegno da poterti aiutare, ora, con il tuo. So cosa stai sbagliando perché anch'io ho fatto il medesimo errore. E sono la prima ad ammettere di avere un curriculum piuttosto discutibile, quando si tratta di rimanere sposati.

Sposarsi, però, è un'altra storia. Non chiedetemi perché, ma attrarre uomini disposti a sposarmi – o almeno a convivere – è il mio principale superpotere (parlare molto è il secondo). Ci ho pensato parecchio e sono giunta alla conclusione che, a parte essere dolce e fedele, e un uomo può essere certo che non si annoierà mai stando con me, non ho niente di speciale. Ci sono ragazze in giro che hanno i requisiti giusti per sposarsi, molto più di me, eppure non hanno avuto un terzo delle mie esperienze.

Credo che il mio successo, sotto quest'aspetto, abbia a che fare con la propensione che ho ad avvicinare, e scegliere, uomini disposti a impegnarsi. Allo stesso modo in cui – e questo è *importantissimo*, e spesso più difficile – sono pronta a lasciar perdere gli uomini che non lo sono. Non mi prendo il merito, per questo. Molto dipende dal fatto che sono cresciuta in famiglie affidatarie. Ho iniziato a uscire con gli uomini con un unico obiettivo: evitare quelli che mi avrebbero abbandonato. Se stessimo parlando di presidenti degli Stati Uniti, mi sarei interessata solo del gentile, profondo, infedele-solo-nel-suo-cuore Jimmy Carter;* mentre i Bill Clinton del mondo potevano suonare il loro sax nel letto di un'altra. Nella mia mente, l'unica cosa peggiore di uscire con un

* Si riferisce a un'intervista, rilasciata nel 1976, a *Playboy* da Jimmy Carter, un anno prima di essere eletto presidente degli Stati Uniti. Carter dichiarò: « Cristo disse che chiunque guarda una donna con desiderio, nel suo cuore ha già commesso adulterio. Ho guardato molte donne con desiderio. Ho commesso adulterio, nel mio cuore, molte volte ». (*N.d.T.*)

tipo così, sarebbe stata sposarlo, e a me interessava solo il matrimonio.

Mi fermo qui. Scommetto che ti stai chiedendo come mai ho percorso la navata verso l'altare tante volte, prima di avere un solo capello grigio. Molti sono convinti che io abbia sposato uomini sbagliati e/o che sia delusa dal matrimonio, come conseguenza dei miei tre divorzi. Né l'uno né l'altro. Eccone una breve sintesi.

MARITO N. 1. Il secondo ragazzo con cui abbia mai dormito; con lui ho iniziato a uscire a diciassette anni (va detto che gli ho mentito: lui pensava ne avessi diciannove) e ci siamo sposati (su una barca) dopo una frequentazione durata un periodo più che ragionevole di due anni. Era più grande di me di circa dieci anni, con una laurea in Amministrazione aziendale, un ottimo lavoro in un'importante azienda (dove *ancora* lavora – tra l'altro – ventotto anni dopo); in altre parole un vero bravo ragazzo, di ottima famiglia. L'unico problema... ero io. Ero troppo giovane per avere, e mantenere, quel tipo di impegno.

MARITO N. 2. Tredici anni più tardi arrivò Dan, il delizioso figlio di un ministro di culto che ho conosciuto sul lavoro. Dopo sei mesi di relazione, all'età di trentun anni, mi sono scoperta incinta. Desiderando disperatamente quel tipo di famiglia che sognavo da bambina, sapevo cosa fare – impegnarmi – ma non avevo idea di come farlo. Incapace di superare la coazione a ripetere lo schema dell'abbandono che mi portavo dietro da tutta la vita, dopo tre anni di matrimonio ho fatto quello che mi veniva naturale: me ne sono andata. Okay, mi sono solo trasferita cinque chilometri più in là, ma fa lo stesso. Non riuscivo proprio a sopportare il tipo di vicinanza connaturata alla vita matrimoniale con un uomo solido e affettuoso. Non è una scusa, è la semplice verità.

MARITO N. 3. Ultimo, ma non meno importante, c'è stato Paul, che ho sposato a quarant'anni, e da cui ho divorziato a quarantuno. Era l'uomo che avevo cercato per tutta la vita – ero *incontrollabilmente* attratta da lui – e quel che ho scoperto è che talvolta «anima gemella» è solo un sinonimo di «riporterò a galla tutti i tuoi peggiori traumi infantili». Non lo sapevo, ma Paul aveva tutte le migliori (e le peggiori) qualità di mio padre: un uomo per il quale andare a donne era più di un hobby, era una vocazione. Dopo circa otto mesi dal giorno del matrimonio, Paul ha deciso di frequentare una ragazza di ventun anni, così gli ho saggiamente chiesto di andarsene. È stato un periodo davvero doloroso – sia per me sia per mio figlio – ma in quel modo molto particolare (e straziante) in cui la vita funziona di solito, quella relazione mi ha reso libera. E intendo proprio *libera.*

Oggi so, per esperienza diretta, dopo aver sprecato tanti rapporti nel tentativo di soddisfare il mio desiderio per un certo tipo di uomo – eccitante, sexy e, sì, non disponibile in realtà – che la mia versione di Mr Big poteva portarmi solo tormento. Infatti, la mia critica principale a *Sex and the City* è che ha reso la relazione con Big desiderabile o persino plausibile, quando in realtà un uomo di fantasia è solo quello: una fantasia. Chiedetelo a qualsiasi drogato: cercare di fuggire dalla realtà, giorno dopo giorno, non solo è uno spreco di tempo, è un'*agonia*. E però lo facciamo tutte.

In breve, i miei matrimoni «sono falliti» – in effetti dire «collassati» rende meglio – per un'unica semplice ragione: non ero ancora una donna da sposare.

Ah, ecco perché

Okay, se sei ancora qui, voglio darti il benvenuto a questa mia visione divertente di autoaiuto, da sorella maggiore, da amica del cuore, di tipo spirituale, ma guidata dal senso pratico, su come amare di più e meglio. I principi contenuti in questo libro hanno il potere di cambiare la tua vita. Quando avrai finito di leggerlo, avrai molta più speranza di quanta tu ne abbia avuta negli ultimi anni, perché capirai che puoi rimediare ai tuoi comportamenti autolesionisti, se vuoi affrontarli.

Qui trovi dieci capitoli, ognuno dei quali è dedicato ai modi più significativi in cui saboti la tua capacità di avere una relazione. Ti consiglio di leggere il libro una prima volta con mente e cuore aperti; poi torna al capitolo che ti ha dato da pensare e trascorri una settimana mettendo in pratica le idee suggerite. Poi passa a un altro capitolo o ambito in cui hai individuato un problema. Lentamente assimilerai questi nuovi modi di pensare a te stessa, quando si tratta di amore e relazioni. Non è una gara di velocità, non è neppure una maratona, è una piacevole, lunga passeggiata in un frizzante giorno d'autunno. Potrebbero esserci delle salite da affrontare, ma perlopiù dovresti rilassarti e divertirti. Questa è la vita.

All'interno dei capitoli i temi principali in oggetto saranno prima spiegati, per esempio cosa intendo veramente con «Sei una stronza». Poi nella sezione «Di cosa si tratta» svilupperò il tema, per affrontare quello che io credo sia il nocciolo della questione. Condividerò con te gli «Appunti sulla mia vita», che riguardano momenti più o meno speciali, in cui ho mandato a rotoli tutto nello stesso modo in cui, forse, stai facendo anche tu. Nella sezione chiamata (per esempio) «Perché Lisa non è sposata», potrai invece verificare come anche altre donne, pur in gamba, stiano sbagliando.

Questo ti aiuta a prendere coscienza delle tue azioni, perché è più facile vedere un problema se riguarda qualcun altro.

Dopo passerò a « Quel che bisogna sapere sugli uomini » in cui ti dirò quel che ho imparato sugli uomini. Credo sia utile sapere che di solito gli uomini non fanno quel che fanno proprio *a* te; di solito lo fanno e tu, semplicemente, stai passando da quelle parti. Ho scoperto che esserne consapevole mi aiuta a non arrabbiarmi tanto con loro.

Così ci avviciniamo alle soluzioni proposte nella sezione « Come devi cambiare », che non ha nulla a che fare con trucco e pettinatura, o con il vagabondare nella sezione surgelati del negozio di alimentari, o in altri posti dove gli uomini si riuniscono, ma con il *cambiare il tuo modo di pensare:* a proposito di uomini, di matrimonio, di te stessa. Poi, dato che cambiare è difficile (se così non fosse, lo farebbero tutti), avanziamo verso le « Dritte spirituali che ti aiuteranno a cambiare ». Questa sezione, come promesso, inquadrerà il problema in un'ottica spirituale (non preoccuparti, non ho intenzione di fare la santona) e ti fornirà gli strumenti per una vera trasformazione. Ultimo, ma non meno importante, « Quello che la tua migliore amica [o mamma o colleghi o ex fidanzato] sa, ma non ti dice », ovvero quanto chi ti ama ti direbbe se solo ne avesse il coraggio. Invece stai per sentirti dire queste cose da me, un'estranea, anche se – arrivata alla fine del libro – sarai a conoscenza di talmente tante cose imbarazzanti sul mio conto che, probabilmente, mi considererai una tua carissima amica. Spero che almeno *penserai* alla possibilità di invitarmi al tuo matrimonio.

Ti avviso: quando tutto sarà finito, ti consiglierò qualcosa di completamente fuori dagli schemi. Ti suggerirò di trovarti un *dio*. Aspetta, torna indietro. Non dev'essere un tizio con la barba nel cielo e una grande chiesa con le volte dipinte; ma *qualcosa*, qualsiasi cosa, che non sia la tua mente, o i concetti che questa ti propina. Un luogo oltre la ragione e il puro intelletto, perché, come ho detto, alla fin fine il matrimonio è un viaggio spirituale. Persino per donne come te.

La verità è che il matrimonio rappresenta un'opportunità a lungo termine per esercitarsi nell'amare qualcuno, anche quando senti che non necessariamente lo merita. Amare, per sua natura, è sempre un atto spirituale, perché la gente è piena di difetti ed è *difficile* amare i difetti. Puoi essere certa che, il più delle volte, un uomo non farà quello che vuoi tu, ma poiché gli vuoi bene lo stesso – e hai deciso di trasformarti in una persona gentile, profonda, onesta, fiduciosa, generosa e, soprattutto, che si accetta per quel che è – scoprirai che stai sperimentando ciò che hai sempre voluto: l'amore.

E non sarei sorpresa se finissi con lo sposarti.

PERCHÉ NON SEI (ANCORA) SPOSATA

Capitolo 1

Sei una stronza

Come la rabbia e la paura ti stanno facendo rimanere da sola

1. La gente cammina sulle uova, quando ti sta vicino... e in qualche modo ti piace?
2. L'idea di essere carina con un uomo ti fa montare su tutte le furie?
3. I tuoi ex fidanzati avevano la sensazione che tu fossi sulla difensiva, o che fosse difficile avvicinarsi a te?

LA COSA VA COSÌ: molti uomini vogliono sposare una donna che sia carina con loro. « Carina » include sesso, risate e occasionalmente – senza diventare opprimenti o altro – cucinare un pasto, piegare il bucato, o qualsiasi altra cosa che lui sia troppo pigro per farsi da solo. Giusto perché lo ami. Ecco cosa è « carina ».

Tu sei così? Se questa domanda ti fa infuriare, probabilmente la risposta è *no*.

Ma questo, da solo, non ti rende stronza. A renderti stronza è il fatto che *ti arrabbi con un uomo anche solo perché desidera tutto questo.* Sei una stronza perché ti senti superiore agli uomini (e alle donne che li vogliono), alzi gli occhi al cielo senza neppure saperlo e le tue labbra sono perennemente tirate. Irradi qualcosa che spaventa le persone. E non solo *non* ti importa, ma se sei davvero onesta, devi ammettere che *ti piace.* Solo un po'.

Questo è essere stronza.

Essere stronza è più un'*energia* che un tratto della personalità. Non c'è nulla di sbagliato nella cosa in sé.

Tutte noi abbiamo una stronza interiore, potente alleata che ci protegge ed evita che veniamo sfruttate, ma molto spesso, nelle relazioni così come nella vita, devi lasciare la pistola nella borsetta. C'è un tempo e un luogo per lasciar esprimere la tua stronza: per esempio, in una contrattazione difficile, oppure se si viene minacciate, ma certo non quando si viene invitate a cena. E non perché è giovedì.

Sfortunatamente, l'energia « stronza » è penosamente comune tra le donne single, forse perché a un certo punto essere stronza è diventato sinonimo di modernità. Quando stavo crescendo, negli anni Ottanta e Novanta, era qualcosa di cui essere orgogliose. C'erano persino battute su come la parola « bitch – stronza », fosse un acronimo per frasi astute, come « babe in total control, honey – tesoro, questa donna ha il totale controllo di se stessa » e « because I take charge here – perché qui comando io ». Essere una stronza voleva dire reclamare un posto nella stanza dei bottoni, tanto quanto in camera da letto. Serviva a bilanciare i conti di tutti gli anni di oppressione maschile. Era giusto. *Dava potere.*

Ma quando si parla di appuntamenti amorosi, e di sposarsi (e, quindi, di essere una madre), avere il controllo, tesoro, è un'enorme responsabilità. Infatti, per la maggior parte degli uomini – e anche delle donne – è motivo di rottura. Quale persona equilibrata vorrebbe un compagno o una compagna che mira al controllo totale?

Di cosa si tratta

Quindi, quando dico che sei una stronza, voglio dire che *sei arrabbiata.* Probabilmente tu non pensi di essere arrabbiata, pensi di essere molto in gamba o – se hai fatto tanta terapia – che stai mettendo dei paletti, o forse che sei intellettualmente curiosa e ti piace tanto discutere, ma la verità è che sei furibonda. Con tua madre. Con l'industria farmaceutica. Con Sarah Palin. Ma forse, più di ogni altra cosa, ce l'hai con gli uomini. Ce l'hai con loro perché possono ferirti, perché hanno il potere di rifiutarti, perché sembrano preferire qualche sciocchina ventitreenne invece di una donna di potere e meravigliosa come te.

Almeno questo è quello che racconti a te stessa, ma, secondo la mia esperienza, agli uomini non importa se sei potente e meravigliosa, a loro importa se sei emotivamente instabile, fastidiosa, paurosa, amara, fredda e, soprattutto, *senza amore.*

La rabbia femminile terrorizza gli uomini. Non ti aspettare che lo ammettano perché, almeno la metà delle volte, non lo sanno nemmeno, almeno non consciamente. Ma dopo aver avuto un figlio, ho visto chiaramente il potere che una donna ha sulla vita di un uomo, e come la rabbia (e non sto parlando della rabbia raccogli-i-tuoi-calzini, piuttosto di quella covata, del genere io-sono-così-quindi-vedi-di-venirci-a-patti) li condizioni a un livello molto profondo. Per cominciare, ogni uomo ha una madre, giusto? Nello stesso modo in cui le donne devono fare i conti con il modello maschile instillato dai padri che sta alla base delle loro relazioni, gli uomini devono confrontarsi con le madri. Tranne qualche eccezione, per i primi, parecchi anni della loro vita, quella donna era la fonte di ogni cosa: amore, frustrazione, rimprovero, biscotti. Non si può sottovalutare l'impatto di una madre sulla psiche di un uomo. Non si tratta di quella madre lì, nello specifico; sto parlando del fatto che ne abbia *una*. E come la mettiamo con il fatto che, per un certo periodo, *ha vissuto nel suo corpo*? Sul serio. Se ci si pensa, è pazzesco.

Per questa ragione noi donne dobbiamo essere profondamente consapevoli di come esprimiamo la nostra rabbia (esattamente come gli uomini dovrebbero essere consapevoli e attenti a come esprimono la loro). Lo so, sembra ingiusto che tu debba occuparti della paura e dell'insicurezza di un uomo per sposarti; in realtà, però, è un allenamento perfetto, perché occuparti della paura e dell'insicurezza di un uomo è una parte importante di quello che farai in quanto moglie.

E non credo che ti sminuisca, perché funziona allo stesso modo se vuoi diventare madre: devi occuparti delle paure e delle insicurezze dei tuoi bambini. Se vuoi essere un'impiegata, devi occuparti delle paure e delle insicurezze del capo. Se vuoi essere un'amica, devi occuparti...

Be', ti sei fatta l'idea: dovrai limitare la tua rabbia.

Appunti sulla mia vita come moglie

A vent'anni, ero una giovane stronza sposata. Molti sostengono di conoscere donne stronze e sposate, e posso garantire che si tratta della verità, perché io ero una di loro. Per quanto concerne la mia esperienza, però, nei matrimoni riusciti si respira il calore dell'amore e i partner si adorano, mentre non è la stessa cosa nei matrimoni delle stronze (sono altrettanto sicura che manchino anche nei matrimoni degli uomini bastardi).

Non ero un disastro totale. Ero brillante nelle conversazioni e avevo un certo gusto per l'avventura che di solito rendeva le cose interessanti, ma non mi contenevo molto nei miei atteggiamenti. Non rispettavo gli altri, mentre mi raccontavo di farlo. Appagavo la parte di me che voleva tutto a modo suo, anche se a spese (emotive) delle persone intorno a me.

In breve, ero una stronza. Ed ecco come:

1. *Ero dispotica.* Nell'arsenale delle stronze questa è l'arma numero uno. È il modo in cui ci si assicura che nessuno farà mai niente che non ci piace, attraverso

Sorridi!

Lo sai che gli uomini sono creature «visive»? Questo non vuol dire solo che preferiscono la pornografia all'erotismo, ma che colgono numerose informazioni su di te *visivamente*.

Significa – può suonare strano, ma è importante – che *devi essere consapevole delle tue espressioni facciali e del linguaggio del corpo*. Alcune delle mie amiche più stronze non hanno idea dell'espressione del loro viso; se l'avessero, vorrebbero cambiarla di sicuro!

Devi pensare al tuo volto e all'atteggiamento corporeo come a un'espressione visiva dei tuoi pensieri e sentimenti più profondi. Se d'abitudine hai pensieri rabbiosi, pieni di giudizi e di stress, si leggerà sulla tua faccia. Potrebbe manifestarsi con una bocca molto dura, uno sguardo freddo, il labbro incurvato, magari porti indietro continuamente la spalla o il braccio, e potrebbe essere qualsiasi altro gesto che comunica qualcosa che non vorresti. Fortunatamente c'è un modo molto semplice per combattere tutto questo: sorridi! Dal profondo del cuore. Non solo illuminerà la giornata di chiunque ti stia intorno, ma farà sentire meglio anche te. E ti renderà mille volte più attraente.

la prevenzione, ovvero costringendo tutti a camminare sulle uova. Il mio corpo s'irrigidiva nel momento stesso in cui si toccava un argomento che non mi garbava o se qualcuno faceva qualcosa che non gradivo; e poi avevo un corredo di smorfie (e di versi, se necessario) per comunicare il mio disappunto. Chiunque mi conoscesse da sei mesi, sapeva cosa volesse dire tutto ciò e faceva un passo indietro. Dopo breve tempo le uniche persone rimaste erano quelle in linea con il mio programma, e questo mi faceva credere di essere una donna davvero deliziosa, quale in realtà non ero affatto.

2. *Ero una manipolatrice.* Manipolare è il modo subdolo per far fare agli altri quello che vuoi tu, senza lasciare tracce evidenti. Include cose come parlare «casualmente» al tuo compagno di altre persone, mettendo in chiaro quali loro comportamenti trovi criticabili. E, per pura coincidenza, lo stai tormentando da un giorno, una settimana, un anno, perché smetta *immediatamente* di fare lo stesso. Se non funziona, scattano anche senso di colpa e minacce, quando dici che se continua a comportarsi così, ti ammalerai o lo lascerai.
3. *Ero critica.* Il mio atteggiamento era: «Nessuno qui sta facendo bene. Punto». Inoltre, *ça va sans dire*, pensavo di essere migliore degli altri. Se sei fatta così, ora sai chi sei.
4. *Ero maligna.* Se mi facevi qualcosa – o avevo la *sensazione* che mi avessi fatto qualcosa – non esitavo a vendicarmi, magari sottolineando implacabilmente quello che avevi detto il giorno prima, o rimettendoti al tuo posto così da toglierti fiducia in te stesso, o (il mio preferito) facendoti una lezioncina. *Bleah.*

Se questa non è una lista di caratteristiche che non si vorrebbero in una moglie, non so cos'altro possa essere! Soprattutto, dovevo *avere ragione*, perché più di qualsiasi altra cosa – persino più di essere amabile – io volevo dominare mio marito. Ciò potrebbe suonare irrazionale, ma non lo è. Avevo paura di essere vulnerabile. C'era qualcosa nel lasciare che un uomo, quell'*uomo*, avesse un potere su di me – il che fa parte dell'essere un marito – che proprio non potevo gestire. O, per essere più precisa, potevo gestirlo, ma indossando i pantaloni. Portavo anche un paio di lucidi, alti stivali neri e una lunga frusta da dominatrice, da schioccare tutte le volte che volevo. E quando penso a quanto spaventata io fossi, è perfettamente sensato che mi comportassi in quel modo.

Perché Leanne non è sposata

La mia amica Leanne soffre di un'altra forma di questo problema, che si manifesta attraverso l'uso di una lingua particolarmente tagliente. Non sembra capire che gli uomini sono creature dotate di sentimenti. Qualche volta vorrei poter riprendere con una telecamera come si comporta e farle rivedere il filmato, perché non si riconoscerebbe. Se si vedesse, avrebbe la nausea per un po', ma almeno comincerebbe a capire come funziona la sua relazione con gli uomini e come loro la vedono.

Non dimenticherò mai come una volta, al ristorante, Leanne iniziò una conversazione con un delizioso regista di spot pubblicitari di nome Eric. Io ho l'occhio per gli uomini che hanno voglia di impegnarsi, ed Eric era uno di quelli. Un po' troppo basso, forse, ma così tenero e carino. Il fatto che i registi di spot guadagnino abbastanza per far stare la moglie a casa a crescere i figli, è del tutto ininfluente per me, ma è il genere di cosa cui Leanne tiene, perciò ero contenta che un tipo così in gamba fosse interessato a lei.

A quel tempo Leanne voleva disperatamente un fidanzato, ma era riluttante ad ammetterlo perché non voleva essere disperata. Tuttavia, era rimasta single così a lungo (erano trascorsi due anni da quando l'ultimo fidanzato se n'era andato da casa, mentre lei era al lavoro) che aveva iniziato a sospettare che ci fosse qualcosa di molto sbagliato in lei, qualcosa che era ovvio per gli altri, specialmente per gli uomini. Il più delle volte questo sospetto era troppo doloroso da essere affrontato di petto, così in alternativa lei si era convinta che li « metteva in soggezione » ed era troppo « straordinaria ».

Comunque, Eric il regista ci stava dicendo che dopo aver diretto lo spot di un'importante azienda produttrice di birra, lo stava rimontando per sé perché pensava che la versione per il cliente non rappresentasse al meglio il suo lavoro. « I director's cut* della birra? » ironizzò Leanne. Il sorriso sul volto di Eric evaporò, il piacere di condividere con lei il suo lavoro sparito. Lei pensava di essere così intelligente. Invece era sola. Eric, che era evidentemente così interessato all'inizio della conversazione, non ha mai chiesto il suo numero di telefono.

Leanne non lo sa, ma la sua (comunissima) difesa consiste nel respingere gli uomini, prima che loro abbiano la possibilità di respingere lei. La stronzaggine è una maschera per la paura di essere ferita, dell'intimità. Leanne dà la colpa agli uomini, se non è amata. « Non piaccio agli uomini », sostiene e gode dell'espressione dubbiosa che, a quel punto, vede sui volti degli interlocutori: dopotutto, è bella e bionda, con un corpo notevole. In teoria dovrebbe rappresentare il sogno di ogni uomo, cosa che la fa impazzire ancora di più, visto che non riesce mai a ottenere un secondo appuntamento. È come se Leanne vivesse una vita in cui è terribilmente incompresa dagli uomini. Non capisce che non c'è niente di sbagliato *in lei*, ma molto nel modo in cui si comporta. È irragionevole aspettarsi di essere una so-tutto-io, dire agli uomini che hanno torto su questo e su quel-

* Con *director's cut*, o versione del regista, ci si riferisce solitamente alla versione di un'opera cinematografica, così com'era stata pensata e realizzata dal regista, rispetto a quella distribuita sul mercato, in cui vengono eliminate più scene per questioni di durata o per evitare problemi con la censura. Solitamente la *versione del regista* viene proposta negli home video. (*N.d.T.*)

lo, deriderli per la superficialità che li porta ad amare *South Park* e i servizi di costumi da bagno su *Sports Illustrated*, competere con loro, e poi pensare che vogliano stare con te. Gli uomini sono, prima di tutto, *persone*.

Quel che bisogna sapere sugli uomini

Dico spesso che elargire consigli su come trovare marito mi ha insegnato tutto ciò che *davvero* avevo bisogno di sapere sugli uomini. Per esempio, ecco cosa vuole dalla vita mio figlio adolescente: maccheroni al formaggio, un videogame e Kim Kardashian (o qualcuna che potrebbe assomigliarle anche alla lontana). Hai mai visto Kim Kardashian essere profonda e arrabbiata con un uomo? Credo di no.

Hai visto Kim Kardashian sorridere, ancheggiare e girare un video porno (e sposarsi e divorziare più velocemente di quanto il resto di noi impiega per ritirare il bucato dalla lavanderia a secco, ma mio figlio non lo sa).

Non fraintendermi: non sto dicendo che devi trasformarti nell'equivalente umano di una bambola gonfiabile. Quasi certamente non lo faresti. (Il tipo di uomo che vorresti probabilmente ignorerebbe Kim, in effetti. Ha troppo bisogno di attenzione – lo dico con tutto l'affetto possibile – e gli uomini che vogliono impegnarsi non vogliono avere a che fare con questo genere di cose.) Quel che sto dicendo è che in ogni uomo c'è una creatura semplice che vuole godersi una donna, e non combattere con lei. E non riuscirai a fargli cambiare opinione, neppure con una (perfettamente valida) discussione femminista.

Ma non c'è nulla, preso singolarmente, che potrà farti respingere da un uomo quanto la stronzaggine. Questo per molte donne è difficile da accettare. Vogliono davvero credere che l'uomo sia insicuro o misogino. E sì, ci sono molti uomini insicuri e misogini là fuori, che vogliono vendicarsi (e difendersi) perché le donne possono respingerli. Ma, per dirla tutta, questa è la versione maschile della stronza! Ci sono però altri uomini – uomini buoni e ragionevoli – che vedono una stronza e provano compassione. Possono chiaramente capire che la stronzaggine viene dal dolore, ma sanno anche che non hanno il potere di guarire quel dolore, quindi non ci provano neppure, perché non importa quanto sia grande una donna, nessuno vuole passare tutto il suo tempo, giorno dopo giorno, sulla linea del fuoco.

Come devi cambiare

E questo ci porta al nocciolo della questione. Se sei una stronza e vuoi stare con uomo, devi cambiare. La buona notizia è che quel che devi fare è proprio semplice. La brutta notizia è che probabilmente ti darà sui nervi, perciò te lo dico senza tanti giri di parole.

Devi essere carina.

«Carina» è l'alternativa all'energia della stronza. Gli uomini la chiamano «dolcezza». Se chiedi a un uomo qual è la cosa che manca maggiormente alle donne di oggi, nel corteggiamento, quasi certamente ti dirà che c'è grande penuria di donne dolci. E in quell'ambizioso gioco d'azzardo, così simile al Baccarat, che è il matrimonio – molto lontano dall'eccitazione da gratta-e-vinci del corteggiamento – le ragazze carine sono quelle che finiscono con una fede alla mano sinistra.

Allora, che cosa s'intende per «carina»? Prima, fammi dire che cosa *non* è. Non è avere quasi sempre o sempre ragione, discutere a lungo sulle cose, avere una nota molto dura nella voce, concentrarsi più su ciò che un uomo non ha anziché su ciò che ha, o pensare che gli uomini siano solo mezzi per una tranquilla vita borghese, per avere bambini, per darti sostegno o per completare l'idea che ti sei fatta su come dovrebbe essere la tua esistenza.

«Carina» è tenera, divertente, gentile e... *penetrabile*. Gli uomini hanno bisogno di trovare in te quello che cercano. Se sei troppo dura, non ci riescono. Una donna può essere calda, sexy, potente, intelligente, dinamica e interessante, ma se non è dolce la maggior parte (non tutti, la *maggior* parte) degli uomini non vorrà davvero sposarla. Un uomo potrebbe essere coinvolto sessualmente, apprezzare il tuo spirito pungente, rispettare il tuo lavoro e pensare che sei una tosta, ma se all'insieme non aggiungi la dolcezza, ti considererà come una vacanza eccitante. Tipo, per dire, Reykjavik: può essere divertente visitarla, ma il clima è troppo ostile se vuoi viverci davvero; però metti Reykjavik in, diciamo, California, e l'affare è fatto.

Fai subito una verifica su te stessa. Ti fa arrabbiare che un sacco di uomini pensino che «carina» sia sinonimo di *dolce*? L'idea di essere dolce – o, più precisamente, l'idea di *dover* essere dolce – ti rende furiosa? È questo ciò di cui sto parlando. Se è così, allora hai un problema.

Essere carina non è impegnativo, è quel che fa girare il maledetto mondo! E soprattutto è quel che fa funzionare il matrimonio. È chiamato la Regola D'Oro e, per quanto mi riguarda, batte tutto il resto. Purtroppo ho notato che molte mie conoscenti non sposate, che vorrebbero esserlo, non sono particolarmente carine, soprattutto nei confronti degli uomini; non li trattano secondo la Regola D'Oro perché, a un livello più o meno inconscio, non pensano di doverlo fare. Più spesso ancora credono di essere carine, senza esserlo davvero. Un metodo facile per scoprire, proprio ora, se tutto questo riguarda anche te, è se sei sicurissima di no. Un altro è chiedere ai tuoi amici più stretti se pensano che sia possibile che tu possa essere percepita come una stronza. Se ti rispondono con uno sguardo *posso-davvero-dirle-la-verità?* della durata di tre secondi, hai la risposta.

Cucinare come atto di cura

Per anni sarei stata una perfetta candidata dell'Anonima Utilizzatori di Forno a Microonde, se esistesse una simile organizzazione. Per me cucinare era penoso. Ho avuto un appartamento dopo l'altro, in cui il fornello rimaneva praticamente inutilizzato e il frigo non conteneva molto più di un quarto di latte. La mia specialità erano i take-away che ti servono senza che tu debba nemmeno scendere dall'auto. E l'idea di cucinare per un uomo? Grottesca e offensiva. Ho detto a tutti i miei fidanzati che volevo fare abbastanza soldi per mangiare al ristorante tre volte al giorno.

Poi un giorno, una donna molto saggia che fa parte della mia vita – madre di cinque figli, sposata da vent'anni – mi disse qualcosa di molto semplice: « Nutrire è una cosa buona, Tracy, e cucinare è una parte molto importante del nutrire ». Non mi era mai passato per la mente che cucinare per me e gli altri fosse un modo di prendermi cura delle persone che amavo, inclusa me stessa. Un tipo di cura che mi riusciva malissimo. E se non potevo farlo per me stessa, non potevo farlo neppure per un uomo.

Così ho iniziato a cucinare. All'inizio cose semplici, come barbabietole al forno o pollo stufato, poi mi sono allargata a pasta e zuppe. In breve tempo preparavo ogni tipo di leccornia (per esempio il mio lombo di maiale!). Ora, quando un nuovo uomo entra nella mia vita, sono sicura di voler cucinare per lui ai primi appuntamenti: è *divertente*, e non immagini quanto lo apprezzano.

Ho imparato che per un uomo se vuoi cucinare per lui *ed* essere carina, è come vincere tutti i premi in palio, perché il cibo è più che sostentamento, è amore. Dopotutto, tu saresti disponibile a cucinare per i tuoi figli, non è vero? E allora perché lo vuoi negare al tuo uomo?

La gentilezza non è qualcosa cui diamo grande valore nella nostra cultura. Ci piace il sarcasmo, la competizione e il dramma, almeno a giudicare dagli indici di ascolto di tanti reality show. È interessante notare come siamo tutte d'accordo che un uomo gentile sia una bella cosa; nessuna ha problemi nel dichiarare che un uomo *dovrebbe* essere gentile; nessuna di noi vorrebbe che la nostra migliore amica sposasse un uomo scortese o arrabbiato. Ma quando dici che una donna *dovrebbe* essere gentile, soprattutto quando dici che dovrebbe essere gentile con l'uomo della sua vita, questo in qualche modo assume un altro significato. Quando si parla di donne, l'idea che la gentilezza sia una cosa molto, molto importante viene percepita da tante come opprimente, come se una donna dovesse rinnegare o reprimere una parte di sé per essere gentile, specialmente con il proprio uomo.

Vorrei solo dire che *questa è una stronzata.*

Allora, come cambi un atteggiamento che vorresti modificare se potessi, ma non sai come e quindi rimani come sei?

Dritte spirituali che ti aiuteranno a cambiare

Avrai bisogno di qualche consiglio di natura spirituale. Come ho detto, l'intero libro si basa sull'idea che il matrimonio sia un percorso spirituale. Non è detto che debba esserlo per tutti – magari a Donald Trump non importa una cippa di queste cose – ma forse per te è così, se vuoi sposarti ma sembra proprio che non possa accadere.

Di solito non si vuole pensare alla dimensione spirituale o si è convinti che riguardi solo persone come Madre Teresa o Angelina Jolie. La mente ti dirà che si tratta di una perdita di tempo, o che ci hai già provato, o che è troppo difficile. Devi dire alla tua mente di prendersi una pausa, perché fare un *lavoro spirituale funziona*. Funziona meglio della vodka, del Pilates o dello shopping, ma – e qui casca l'asino – non si ha la riprova fino a quando non lo si è fatto.

Approfondiremo l'argomento man mano che procediamo, ma iniziamo con i concetti base. Qual è la soluzione spirituale all'energia stronza?

Perdonare. Se riesci davvero a perdonare, la tua rabbia svanirà, e con essa la forza trainante della stronzaggine. Perdonare significa lasciare te stessa, tua mamma, il tuo ex e chiunque altro ti abbia ferito – anche se ti ha ferito tanto – in pace. Non perché sei migliore, ma perché finalmente capisci che non c'è nessun motivo di continuare su questa strada, perché è proprio della natura umana, piena di difetti, condurci prima o poi a ferire gli altri. Chi, tra noi, non ha fatto del male a qualcun altro? Te lo dico io: nessuno! Sicuramente alcuni si comportano meglio, ma è piuttosto presuntuoso sentirsi *orgogliosi* per questo: dopotutto, finché vivo, posso sbagliare, ed essere umana.

La chiave per camminare lungo la vita senza ritirarti nel tuo essere stronza – e diventare rabbiosa, impaurita e stare sempre sulla difensiva – è perdonare.

Come puoi farlo? Il modo migliore è *cambiare la tua storia.*

Devi cambiare il modo in cui pensi e descrivi quello che è andato male nella tua vita; soprattutto ciò che ti ha deluso o fatto arrabbiare. La storia è uno degli strumenti più potenti a tua disposizione, è il modo in cui tu

Taglia l'elastico

Un modo per pensare al perdono è immaginare di provare un paio di scarpe in un grande magazzino, sai, quelle legate fra loro da un elastico, in modo che non si spaino. Se sei arrabbiata con qualcuno o con qualcosa, sei legata a quel qualcuno o a quel qualcosa; non solo: sei legata a qualsiasi cosa tu creda ti abbia fatto. Pensi che quel che ti ha fatto sia uguale a *ciò che sei*.

Sai che succede quando provi una di quelle scarpe, dimentichi che sono legate insieme e fai un passo normale? Quasi cadi, perché l'elastico è lungo solo cinque centimetri.

Esattamente nello stesso modo rabbia, paura e lo stare sulla difensiva limitano il tuo avanzare; ti fanno inciampare... e ti fanno pure sembrare matta, nel bel mezzo del reparto scarpe del grande magazzino.

Perdonare equivale a tagliare l'elastico che ti sta tenendo ferma, e l'unica persona che può farlo sei *tu*. Devi decidere che non vuoi più rimanere legata al passato. Per un po', potresti accorgerti che stai facendo piccoli passi, come se le scarpe fossero ancora legate insieme, ma poco a poco, mentre ti impratichisci nel perdono, ti scoprirai più aperta, più pronta ad amare, più libera.

(e gli altri) dai forma alle tue esperienze. Ecco perché gli uomini preistorici in Francia hanno dipinto sulle pareti delle caverne: volevano che tutti, nei successivi trentaduemila anni, sapessero del bisonte che stavano cacciando e uccidendo; definivano se stessi attraverso questo.

Raccontiamo a noi stessi, e agli altri, storie su chi siamo, su cosa ci è successo e su com'è il mondo. Portiamo la nostra storia con noi a ogni appuntamento e in ogni relazione. Quel che pochi capiscono è che le storie che racconti su di te diventano essenzialmente vere, perché la storia dà forma al tuo pensiero, il pensiero dà forma alla tua percezione, la percezione dà forma alle tue scelte, le scelte danno forma alle tue azioni, e le tue azioni sono in definitiva il tuo destino.

Lo capisci? La faccenda della storia è *importantissima*.

Fortunatamente hai il potere assoluto e personale sulla tua storia. Di sicuro altre persone proveranno (e ci proveranno *parecchio*) a farti accettare la *loro* versione della tua storia, ma non hanno davvero il potere di fartelo fare. È imperativo che tu dia forma alla tua storia in modo che ti dia potere, non devi ricoprire il ruolo della vittima.

L'esempio migliore che ti posso dare è come l'ho fatto io con la mia vita. Come ho detto, ero una bambina in affido. Prima che cominciassi a scrivere la mia storia per me stessa, ecco quali erano gli elementi base su cui dovevo lavorare: sono nata; mia madre, Linda, mi ha abbandonata; mio padre, Freddie, è andato in prigione; ho cambiato diverse famiglie affidatarie, finché sono arrivata in una perbene dove sono rimasta quattro anni; poi mio padre è uscito di prigione ed è venuto a prendermi per farmi vivere insieme alla sua ragazza; dopo poco, è finito di nuovo in prigione e io sono rimasta con la sua compagna – non proprio una vacanza – fino a quando non ho compiuto diciotto anni. C'è di più, ma è sufficiente per dare l'idea.

In breve, l'immagine che avevo della mia vita era la drammaticissima versione in stile *After School Special**

* La rete ABC, nel 1972, ha coniato il titolo *After School Special* per una serie di film per la televisione, generalmente incentrati su temi controversi o di grande rilevanza sociale, trasmessi nel tardo pomeriggio e indirizzati agli adolescenti. (*N.d.T.*)

della storia: *Tracy M.: non voluta, non amata e sola.* Ovviamente, se insisto nel vedermi come una vittima, c'è un sacco di lavoro da fare; ho moltissimi motivi per avercela con Linda e Freddie; erano genitori terribili; e io sono stata fregata dalla vita. Giusto?

Sbagliato. Perché questo è solo uno dei modi possibili per assemblare i fatti.

Ecco la versione spirituale della mia storia: sono nata. Dopo aver passato con loro solo dodici sabato notti, ho dato un'occhiata al mio papà criminale e alla mia mamma, alcolizzata e prostituta, e mi sono detta: « Certamente, posso fare meglio di così ». Mi sono liberata di questo bagaglio (dopo alcuni sfortunati pit-stop, che mi hanno insegnato molto della vita e della gente), e in qualche modo sono riuscita ad assicurarmi un periodo molto positivo con un ministro luterano, sua moglie e i loro cinque figli, in cui ho potuto sperimentare la vita della classe media, andare in un'ottima scuola privata, avere il tipo di esistenza sicura e stabile che non avrei *mai* avuto con Linda e Freddie. Poi, prima che potessi trovarmi coinvolta in un grande conflitto adolescenziale con persone meravigliose ma molto conservatrici, sono finita nella casa di una femminista alla moda, di prima generazione, che mi ha messa in contatto con un sacco di idee radicali, che si è assicurata che frequentassi buone scuole, che mi ha insegnato tante cose sull'arte e, forse più importante, mi ha lasciato vedere ore e ore di televisione, gettando così le basi per la mia attuale professione di autrice televisiva.

Indovina quale versione di questo film ha un lieto fine?

Voglio che inizi a pensare su come puoi capovolgere il copione della tua vita, specialmente le parti in cui ha sofferto di più: quel brutto esaurimento dopo il college, il lungo periodo solitario quando hai compiuto trent'anni, l'infanzia noiosa, la più grande delusione sentimentale. Vedi se riesci a far slittare la storia, anche solo un po', verso qualcosa che non ti farà sentire così male. E se riesci a riderne, meglio ancora.

Plasmare un nuovo sistema di convinzioni è un po' come bloccare permanentemente un'uscita della superstrada. Quando ti trovi a percorrere la superstrada cercando di tornare alla tua vecchia storia – come i genitori ti hanno fregato, o come gli uomini siano dei bastardi, o come ci sia qualcosa di sbagliato in te – devi saltare quell'uscita e prendere quella della tua nuova storia. All'inizio è davvero seccante e continui a dimenticare che la tua solita uscita è chiusa. Ti toccherà spesso tornare indietro, fare dei giri o allungare il percorso di chilometri. Ti sentirai come se fossi in ritardo, ma alla fine troverai una nuova uscita. Non prenderai più inconsciamente quella vecchia e scoprirai con soddisfazione qualcosa di sorprendente: arriverai da qualche altra parte che non sia Compton.*

Quello che la tua migliore amica sa, ma non ti dice

Riassumiamo quanto abbiamo scoperto nel primo capitolo, affrontando quello che nessuno ha mai voluto dirti in faccia.

- ***Sei una stronza.*** Non sei gentile e gli uomini non vogliono sposarti per questo motivo, non perché sono dei misogini, ma perché nessuno vuole sposarsi con chi è sempre arrabbiato.
- ***La stronzaggine in realtà rappresenta rabbia e difesa.*** La tua rabbia pare giustificata, ecco perché sembra che sia legittima. Ma a chi importa? Per parafrasare

* Compton è una città della contea di Los Angeles nota per l'elevatissimo tasso di criminalità. (*N.d.T.*)

una vecchia battuta, preferisci avere ragione o essere sposata?

- ***Sii carina.*** Questo è fondamentale, quindi dovresti già saperlo, ma, per qualche ragione, pensi di poter essere critica e severa con gli uomini, e che loro poi vogliano stare lo stesso con te tutta la vita. Non è così.
- ***Impara a perdonare.*** Non ti riuscirà di essere carina fino a quando non imparerai a perdonare. Devi smetterla di punire le persone, specialmente gli uomini, perché non c'è motivo. Perdonare ti farà anche sorridere di più, ed essere persino più graziosa.
- ***Costruisci una nuova storia.*** Questo è il miglior modo di perdonare. Sii creativa! È la tua vita, e vivi una volta soltanto. Cambiare il tuo racconto ti dà maggior potere, e la rabbia sotterranea che rafforza la tua stronzaggine scomparirà spontaneamente.

Capitolo 2

Sei superficiale

Non vuoi accontentarti e altre bugie

1. Stai cercando un uomo alto almeno così o con uno specifico reddito?
2. Gli amici dicono che sei troppo esigente, ma tu pensi solo di avere standard elevati?
3. Hai mollato un bravo ragazzo perché non ha l'aspetto che vuoi tu, non si veste come vuoi tu o non guadagna quanto vuoi tu?

IMMAGINA UN UOMO CHE VOGLIA USCIRE SOLO CON DELLE BIONDE, preferibilmente con almeno una terza di reggiseno; va alle feste, chiacchiera con donne molto simpatiche – donne magari come te – ma non vuole saperne di quelle con qualche chilo di troppo o con le caviglie grosse. Se gli amici gli consigliano di abbassare un po' gli standard, di provare con una mora o di uscire con una ragazza che meriterebbe un 7+, giusto per vedere se scocca la scintilla, lui risponde che gli dispiace, ma tutto dipende dalla chimica e lui sente trasporto solo per quelle da 8, 9 e 10.

Cosa penseresti di un uomo così? Che è un cretino, giusto? Ma se cerchi un compagno che sia alto almeno tanto così, con un portafoglio piuttosto gonfio o un particolare lavoro, una certa formazione o famiglia, non sei diversa da chi vuole una donna con le tette grosse e i capelli biondi. Quella persona per la quale non hai nessun rispetto, che pensi sia, anzi *sai* essere patetica, be', sei *tu*.

Odio doverlo dire, ma... *sei superficiale.*

«Superficiale» significa che t'importa più dell'aspetto di un uomo invece di com'*è*. Sei più interessata a quello che penseranno i tuoi amici di lui, rispetto a come state quando siete da soli. Non riesci a smettere di sperare che se si vestisse un po' meglio, fosse un po' più carino, avesse un lavoro un po' più interessante, avesse più soldi, potresti prenderlo sul serio.

Essere superficiale non va bene, non solo perché non è carino (vedi il capitolo 1 «Sei una stronza»), ma anche perché quando un brav'uomo incontra una donna superficiale, il suo cuore si raffredda. E questo vuol dire che potrebbe frequentarti per un po', ma non firmerà mai un mutuo insieme a te.

Di cosa si tratta

La superficialità è correlata al perfezionismo. Non ti impegnerai per qualcosa che è sufficientemente buono: deve essere *ideale*. Vuoi che ogni tuo singolo bisogno e desiderio vengano soddisfatti, preferibilmente in questo preciso istante: trovi, frequenti e sposi la persona che *ha tutto*. Non importa che nessuno abbia tutto, di certo non tu!

Purtroppo il perfezionismo è disumanizzante, ti fa guardare alle persone come fossero cose e non esseri umani. Oggetti. Hai mai sentito il proverbio: «Il meglio è nemico del bene»? È ciò che accade quando permetti a te stessa di indulgere in tendenze perfezioniste.

Il perfezionismo porta a *oggettificare** gli uomini. Probabilmente hai già sentito questo termine, forse in corsi su problematiche di genere o da una femminista,

* La definizione è stata utilizzata per la prima volta dalle studiose femministe Catharine MacKinnon e Andrea Dworkin (*N.d.T.*)

ma mai applicato a te. Ecco una definizione da Wikipedia: « L'oggettificazione è un'attitudine che porta a considerare una persona come una merce o un oggetto da usare ».

È un modo elegante per dire che *stai usando qualcuno*, nel modo in cui useresti, per dire, un apriscatole o un telecomando. Oggettificare qualcuno significa trattarlo come uno strumento, un mezzo per un fine. Decidi quale ruolo andrà a ricoprire nella tua vita, poi il tuo perfezionismo ti farà individuare quali caratteristiche – fisiche, professionali, emotive, intellettuali – lui « deve » avere per quello specifico compito. Successivamente parti con questo elenco, per trovare un uomo che risponda ai requisiti.

La maggior parte delle persone in un partner cerca (inconsapevolmente) qualcuno che rifletta ciò che preferiscono di se stesse, che renda la loro vita più bella di com'è e che permetta loro di stare comode; in altre parole, una bambola gonfiabile, ma con un'attività sessuale più interessante, visto che gli esseri umani non si limitano a fare quello che gli dici e non riflettono la tua parte migliore. A eccezion fatta del giorno del matrimonio, forse.

Alla fine, si scopre invariabilmente che, a dispetto di quanto si ha in comune, il partner non è ora, e non sarà mai, te. Aggiungi l'eventualità che il tuo compagno si sia sposato sperando che sarai *tu* a riflettere qualcosa a *lui* e a dover rendere migliore la *sua* vita, e diventa subito evidente che qui nessuno starà comodo. Più verosimilmente, i tentativi per raggiungere questo scopo causeranno un grandissimo disagio. Questa è la conseguenza dell'oggettificare un'altra persona. Che altro ti aspetteresti dallo strofinarti contro un oggetto erotico di latex?

Tutti sanno che le donne vengono oggettificate – hai visto *Playboy*, giusto? – ma succede anche agli uomini.

Non necessariamente per i loro addominali scolpiti o i capelli lucidi, anche se può capitare. No, noi li consideriamo oggetti per altre cose: per le risorse che possono fornirci (soldi, una bella casa, una macchina decente da guidare), per la loro capacità di proteggerci, e magari per il loro sperma, che si trasformerà nei nostri bambini (e noi vogliamo dei bambini!).

Allora, come sai che stai oggettificando qualcuno? Ecco un modo: quando sei portata a prestare attenzione solo a quegli uomini che hanno ciò che tu – aperte e chiuse le virgolette – «vuoi».

Diciamo che un'amica t'invita a una cena. Le chiedi chi ci sarà. Ti fa il nome di alcune persone, qualche coppia e alcuni uomini che non conosci. T'informi su chi sono e cosa fanno. Fai persino una rapida ricerca su un paio di loro su Google o Facebook. Ciò che scopri non ti pare interessante. Ti accorgi che il desiderio di partecipare alla cena inizia a scemare. Ti tiri indietro, dicendo che non ne sei sicura, ma forse hai un altro impegno per quella sera; e l'altro impegno sono i quattro episodi di *Private Practice* che occupano parecchio spazio sulla memoria del tuo hard disk.

Se non ti passa neppure per la mente di mettere da parte per una serata i tuoi programmi e magari dare una scossa alla cena della tua amica, *comportandoti* come un'ospite piacevolissima; se decidi regolarmente di non essere interessata a fare quattro chiacchiere con uomini che *non hai nemmeno* incontrato; se agli appuntamenti respingi gli uomini dopo che hanno detto una o due cose che non riesci a digerire... ti posso assicurare che sei superficiale.

Oggettificare qualcuno ti fa concentrare sulle caratteristiche di quella persona che non sono importanti, e sorvolare su quelle che invece lo sono, come, per esempio, la personalità. Inoltre fa sentir male le persone. Un uomo alto, bello e ricco, che sia anche intelligente, vuole sapere che una donna lo ama per quello che è, non per il suo conto in banca, il suo viso o il suo corpo. Credo che sia per questo che talvolta si vede un uomo che potrebbe avere tutte le donne che vuole, stare con una donna non bellissima. Io immagino sempre che si tratti di una persona fantastica, che gli ha fatto il dono di vederlo al di là di quel che lui può offrire materialmente.

Appunti sulla mia vita come moglie sotto i vent'anni

Quando avevo diciannove anni mi sono trasferita a San Francisco, con quello che ben presto sarebbe stato il mio primo marito. Senza grandi competenze (se non prendiamo in considerazione il fumare sigarette), ho iniziato a lavorare nei grandi magazzini Macy's, spruzzando profumo alle clienti. Lavoravo soprattutto a Union Square, il centro dell'universo commerciale di San Francisco, e il punto in cui tutti i turisti finiscono col passare; venendo da Minneapolis, questo per me era più che emozionante, era come vivere un sogno.

Ma sono un tipo ambizioso, perciò non mi bastava soffocare la gente con nuvole di *Giorgio*. In breve ho salito un gradino della scala del successo nel mondo dei cosmetici: ora truccavo le clienti da Macy's. Ed ecco cosa ho imparato truccando le donne normali che passavano da Union Square: *tutte sono belle*.

Non scherzo. Sono stata al bancone con la madre di due figli originaria di Walnut Creek, in California, o di Charlotte, in North Carolina, arrampicata sullo sgabello. Forse si sarà sentita un po' strana, perché una ragazza con un forte accento del Minnesota, che avevo appena lasciato, usava il pennello di zibellino a cinque centimetri dalla sua faccia. Da qualche parte, tra il fondotinta e il mascara, notavo sempre qualcosa di speciale in lei, come le sopracciglia meravigliosamente incurvate. O magari era una donna d'affari, che si precipitava al bancone nella pausa pranzo, con una pelle fantastica, oppure occhi verdi screziati di castano chiaro e circondati di blu navy. Cose così.

Spesso ciò che vedevo non erano le doti che noti a un primo appuntamento. Dovevo essere molto vicina al loro volto per coglierle e, forse ancora più importante, dovevo guardarle con obiettività. Non mettevo loro l'eyeliner pensando a una votazione al Parlamento, o se volevo portarmele a letto, sposarle, avere dei figli, o addirittura se volevo vederle ancora; dovevo mantenere la mente aperta, per vedere cosa avevano da offrire, e osservarle da vicino.

Una volta avevo un fidanzato con un aspetto – come potrei definirlo? – *interessante*. Era quello che i francesi direbbero, riferito a una donna, *jolie laide*, cioè letteralmente graziosa-brutta, attraente ma non bella in senso convenzionale. Il suo mento era un po' debole, il suo naso un po' forte, i suoi occhi un po'... asimmetrici. Quando abbiamo iniziato a uscire insieme, a volte guardavo il suo volto e pensavo: « Aspetta un momento, cosa stai facendo? »

All'inizio ho anche pensato di chiudere. Non solo il suo stile era completamente diverso dal mio – molto più conservatore – ma ogni cosa di lui, dal punto di vista fisico, era lontano da ciò cui ero abituata, non sembrava l'uomo giusto; eppure sono rimasta, in parte perché aveva davvero una personalità brillante. Sul serio. Era una delle persone più divertenti, gentili e piacevoli che io abbia mai incontrato.

Siamo stati insieme a lungo e, a un certo punto, i miei occhi... si sono adeguati. Era molto attraente, dovevo solo guardarlo da una diversa prospettiva. È come sintonizzare un'autoradio vecchio stile: se giri la manopola a destra di pochissimo, puoi beccare quella fantastica stazione che trasmette da una città vicina, e che ha in programmazione le più belle fra le vecchie canzoni, o qualsiasi altra cosa. Riuscivo a vedere altre cose in lui: quanto fossero luminosi i suoi occhi, come fosse bello il colore della sua pelle quando stava fuori a giocare a calcio (troppo, decisamente troppo), la sua coordinazione fisica e la sua grazia. Alla fine, amare quell'uomo dall'aspetto imperfetto mi ha reso consapevole dell'esistenza di tutto un altro livello di bellezza che, anche se non stiamo più insieme, posso ancora ammirare e apprezzare.

Anni più tardi, ho imparato la medesima lezione da un punto di vista opposto, da un fidanzato splendido che chiamerò Brandon. Era bellissimo, con capelli ricci scuri, enormi occhi blu e un volto dai tratti così regolari che ti faceva venir voglia di trovare al più presto una stanza d'albergo. Brandon sembrava Biancaneve, se Biancaneve fosse stata un uomo davvero, davvero sexy. Siamo stati insieme tre anni, e durante quel periodo ho scoperto che (sfortunatamente) l'effetto della bellezza funziona come qualsiasi altro: alla fine scompare, spesso prima del previsto. Non è che Brandon abbia smesso di essere magnifico: le orde di donne che gli stanno intorno tutto il tempo lo dimostrano, ma la sua bellezza ha *smesso di trasformare ciò che provavo per lui.* Non mi ha fatto desiderare di sopportare tutte le sue stronzate (e ne aveva a tonnellate; dopotutto aveva poco più di vent'anni), e di certo non l'ha fatto crescere più in fretta.

Sto dicendo che la bellezza è negli occhi di chi guarda, e la scelta di cosa guardare dipende da te. Naturalmente devi avere un'attrazione fisica di base per qualcuno (di questo parleremo più avanti), ma oltre a ciò, devi scegliere saggiamente, perché nessuno, neppure tu, rimarrà giovane e bello per sempre.

Perché Natalie non è sposata

Il perfezionismo non riguarda solo l'aspetto. Guarda la mia amica Natalie.

Nat è una bella ragazza – grandi occhi castani e un corpo notevole – che ama il suo lavoro come costumista per il cinema e la televisione, ma quando si tratta di uomini, si comporta come l'operaia di un'azienda per la lavorazione della frutta. Me la vedo accanto al nastro trasportatore, mentre osserva minuziosamente quel che passa, prende gli uomini-mela con macchie, punti, beccate di uccello, ammaccature, e li scarta. Natalie vuole solo le mele che assomigliano a quelle delle grandi catene di supermercati: senza difetti. Grande lavoro, grande corpo, grande personalità e grande famiglia.

Quello che continuo a cercare di far capire a Natalie è che anche se lei dovesse riuscire a trovare uno di questi apparentemente perfetti uomini-mela, e avere una relazione con lui, ben presto scoprirebbe che ci sono alcune macchie, beccate di uccello e ammaccature che non aveva visto quand'era sul nastro trasportatore (ci sono sempre). Quindi dovrà vedersela con la propria tendenza a focalizzarsi sui difetti *nella* relazione; una battaglia che perderà, perché è una perfezionista.

Poi c'è la cosa più vera di tutte: *i prodotti dall'aspetto perfetto non sanno di nulla!*

Natalie pensa di avere uno standard, io invece penso che lei abbia delle fisime assurde. È talmente esigente a proposito di ciò che cerca in un uomo: deve avere un ottimo lavoro e avere studiato all'università e oltre; deve avere una casa di proprietà; dovrebbe vestirsi bene, avere dimestichezza con l'arte moderna; gli devono piacere i film di Fellini e il cibo Thai; e se fosse possibile, dovrebbe essere vegetariano, guidare un'auto ibrida, fare yoga e preferibilmente avere qualche interesse di natura spirituale. Non troverà *mai* un uomo così. A un qualche livello lei lo sa, visto che ha trentotto anni e in venticinque che esce con gli uomini ancora non ha incontrato qualcuno che risponda a tutti questi requisiti. Semplicemente non è realistico.

Ciò che Natalie dovrebbe fare è scegliere due (magari tre) punti fondamentali della sua lista – le cose che assolutamente *devono esserci* – e lasciar perdere il resto. Perché quando hai a che fare con un vero essere umano, qualche volta ciò che pensi non potresti mai tollerare, scopri che poi non è tanto grave. L'altro fattore è che essere in una relazione aiuta una persona a maturare, così quello che Natalie considera una caratteristica irrinunciabile potrebbe diventare una mera preferenza da qui a cinque anni, ma Natalie non lo sa perché sotto molti aspetti è ancora molto immatura.

Quel che bisogna sapere sugli uomini

Un'amica mi ha raccontato una storia riguardante il figlio adolescente, che spiega perfettamente il punto. Il primo giorno della scuola superiore ha notato che lui non indossava la maglietta a righe bianche e blu che lei gli aveva preparato con cura; al suo posto ne aveva scelta una più alla moda. Quando gli ha chiesto spiegazioni, il ragazzo ha risposto che la maglietta a righe non era « del tipo giusto ». Apparentemente i giorni in cui non gli importava cosa pensassero gli altri erano ufficialmente passati (almeno fino a quando non finirà l'adolescenza che, da quanto osservo tra gli uomini disponibili, dovrebbe essere intorno ai quarantadue anni).

Ti racconto questa storia nel capitolo sulla superficialità perché, per fare un buon matrimonio, devi liberarti di tutto quello che c'è sul tuo elenco di qualità e che nasce da quella parte di te che vuole indossare la maglietta giusta, il primo giorno di scuola, perché ti preoccupa il giudizio della gente. Se stai perseguendo una lunga (o addirittura lunghissima) lista di desideri superficiali, è possibile che tu stia pensando ancora come una teenager. A meno che tu non stia pianificando di diventare una moglie-trofeo, pensare da adolescente ti impedirà di sposarti, e anche se dovessi riuscire a rimediare un marito che risponda ai tuoi requisiti, il matrimonio si rivelerebbe vuoto e piatto. E come potrebbe essere altrimenti? È basato sulle apparenze.

Un punto chiave dell'età adulta è lasciar perdere quello che gli altri pensano e fare scelte che sono *giuste per te* anche se gli altri non approvano o non capiscono. Durante l'adolescenza, ti guardi intorno, controllando se stai indossando le scarpe «giuste» e la maglietta «giusta»: un comportamento perfettamente appropriato, quando hai sedici anni.

Ma se ancora stai prendendo decisioni vitali basandoti su quello che gli altri potranno pensare della tua scelta, allora perderai il treno! L'essere adulti comporta prendere impegni con la persona che sai di essere, o almeno che sospetti di essere (o che sarai, quando risolverai tutti i tuoi problemi). Quando sarai maturata, saprai che la perfezione non esiste e quindi avrai un approccio diverso nei confronti degli uomini che sceglierai.

Questo mi porta a un punto importante: come ti presenti.

Quando sono cresciuta in Minnesota, avevamo l'abitudine di andare a pescare. Portavamo fuori la barca, buttavamo l'ancora, e avevamo i barattoli con ogni tipo di esca e quant'altro. Erano molti i tipi di pesce, laggiù, e ogni tipo di pesce aveva la sua esca: alcuni preferivano i vermi, altri gli spinner lucidi, altri ancora i pesciolini. Si metteva sull'amo l'esca a seconda del pesce che si voleva catturare.

Questo vale anche per le coppie: devi capire cosa vuoi pescare, ovvero devi essere consapevole del modo in cui vuoi essere percepita. Questo è il mio modo deli-

Viso contro corpo

Gli psicologi evoluzionisti dell'Università del Texas hanno recentemente pubblicato alcune interessanti ricerche che potrebbero spingerti a mettere in discussione tutte quelle ore passate in palestra. Dimostrano che gli uomini alla ricerca di compagne per brevi periodi (per esempio per una notte sola) sono più interessati al loro corpo, mentre gli uomini che desiderano una relazione a lungo termine sono più interessati al volto di una donna.

I ricercatori hanno chiesto a 375 studenti e studentesse universitari di valutare l'immagine di un potenziale partner. All'inizio dell'esperimento viso e corpo erano nascosti. I ricercatori hanno detto quindi agli studenti e alle studentesse di scegliere un/a compagno/a potenziale, per una relazione a lungo o a breve termine, e hanno concesso loro la possibilità di guardare il viso o il corpo del soggetto, ma non tutti e due. I risultati sono affascinanti. Solo un quarto degli uomini, tra coloro che stavano valutando l'immagine di una potenziale compagna di vita, ha scelto di guardare il suo corpo. E per una storia breve? Il 51 per cento degli uomini ha voluto vedere il corpo.

I ricercatori hanno teorizzato che il corpo mostra indizi sulla fertilità femminile, importante se stai pianificando una «botta e via», mentre il viso porta indizi del carattere e solo un uomo interessato in una relazione a lungo termine può considerarlo importante.

Forse non è inatteso, ma le donne non hanno mostrato *alcuna differenza significativa* fra viso e corpo, quando cercavano un partner per una relazione a lungo o breve termine. Ci piacerà il sesso tanto con un mascalzone che con un uomo che ci ama.

cato per dirti di non vestirti o comportarti come una sgualdrina!

Se cerchi una relazione a lungo termine, probabilmente non vuoi dare eccessivo rilievo alla tua disponibilità sessuale. Ho detto *eccessivo*. Coraggio, mostrati carina! Metti in mostra il tuo personale! Stendi un altro strato di mascara! Queste sono tutte cose buone, ma se il modo in cui ti presenti – e sto parlando meno della tua scollatura e più delle tue *vibrazioni* – dà la sensazione che tu sia più una partner di letto che di vita, questo non ti aiuterà ad attrarre un compagno a lungo termine. Anche se molti uomini desiderano avere partner attraenti dal punto di vista sessuale, non vogliono però passare i prossimi quarant'anni combattendo con tutti quelli che ti ronzeranno intorno perché indossi scarpe da cubista.

Come devi cambiare

Comincia con il lasciar perdere l'idea di *ottenere ciò che vuoi*. Non farti prendere dal panico. Abbiamo scoperto che non hai bisogno davvero di ciò che vuoi, ma ciò che vuoi veramente è quello di cui hai *bisogno*. Per quanto mi riguarda i Rolling Stones avevano torto: tu *puoi* (molto spesso) ottenere ciò che vuoi. Ho visto milioni di ragazze uscire e prendersi quello che volevano. Succede ogni giorno. Se fosse solo quello il problema! C'è una questione ben più seria: non solo tu probabilmente non sai *veramente* quello che vuoi, ma anche se lo sapessi, una volta ottenuto, non lo vorresti più perché... *nessuno nella storia dell'umanità è mai stato felice ottenendo ciò che voleva.*

Chiedilo a chiunque abbia vinto la lotteria, un Oscar o la rosa finale del reality *The Bachelor – l'uomo dei sogni*. Oh, sicuro, sono felici, per circa venti minuti. Poi quella vecchia incessante stretta ritorna, e ben presto sono presi dalla smania di vincere *un'altra* lotteria, un *altro*

Oscar, un *altro* reality, o almeno fare sesso con un estraneo e fare spese folli da Barney's.*

C'è qualcosa nella condizione umana che rende impossibile essere felice per sempre, perché si è ottenuto qualcosa, qualsiasi cosa, persino un marito perfetto. Perciò scordatelo. Non c'è bisogno di avere un lungo elenco di quello che vuoi, e nessun bisogno di guardare migliaia di foto online per cercare qualcuno abbastanza carino. Tu vuoi trovare un uomo che sia *ciò di cui hai bisogno*.

Quindi parliamo di cosa hai bisogno e di come trovarlo.

Di solito, quando si dice così, si pensa a una ragazza che srotola la sua lunga lista di « bisogni » – questo, quello e quell'altro ancora – che è solo un catalogo di « desideri » con un altro nome. Io mi riferisco a un'altra cosa. Quando uso la frase « ciò di cui hai bisogno », intendo un uomo con qualità che ti aiuteranno a crescere, fino a toccare la tua più alta espressione come essere umano. In cambio, tu hai le qualità per aiutare lui a crescere fino a toccare la sua più alta espressione. Però devi mettere in conto che è possibile (persino probabile) che tu *non abbia idea* di quali siano queste qualità. Quindi non devi cercare di elencarle, perché non potresti anche se ci provassi. Forse i tuoi migliori amici potrebbero scambiarsi qualche idea, e indicarti qualcosa di rilevante, ma non sarà necessario. Non avrai nemmeno (necessariamente) bisogno di passare quarantacinque minuti a rispondere a un questionario su Internet o trasformarti in una copywriter dilettante, per compilare il più interessante profilo mai postato su un sito di incontri online. C'è un modo molto più semplice per scoprire ciò che ti serve.

* Barney's New York è una catena statunitense di negozi di lusso. (*N.d.T.*)

La Scatola dell'Intenzione

Quando dico che devi avere l'*intenzione* intendo che devi pronunciare una dichiarazione formale su un argomento, anche se è una dichiarazione che fai solo a te stessa. Qualche volta creare un rituale intorno a questa dichiarazione aiuta: la rende più reale.

Un modo per farlo è creare una Scatola dell'Intenzione. Ti serve una scatolina, una da gioielleria o magari decorata, come quelle che trovi nei negozi etnici o vintage; quindi prendi un pezzo di carta e scrivi la tua intenzione. Può essere il modo in cui immagini la tua vita (*Mi trovo in una bellissima casa piena di sole, circondata da bambini*) o forse un problema per cui stai cercando una soluzione. Procedi, e usa un bel foglio di carta e penne colorate, se questo rende il rituale più divertente per te, ma non ha davvero importanza; puoi anche fare dei disegni: dipende da te.

Quel che conta davvero è fare la tua dichiarazione con *sincerità*, poi mettila nella scatola e lasciala lì. Quando chiudi la scatola, prova a sentire che qualsiasi cosa tu vi abbia riposto, è *già fatta.*

Tutte le volte che passi davanti alla scatola, o la noti, ricordati che quel che vi è contenuto è *già fatto*, se ne sono occupati o se ne stanno occupando. Questo è un modo molto potente per cominciare a immaginare la tua vita. Ogni volta che ti viene in mente un'altra dichiarazione, scrivila e mettila nella scatola. Dopo un anno apri la scatola, e rileggi le tue dichiarazioni. Scommetto che molte si sono già attuate nella tua vita.

Ecco come. Prima di tutto, devi voler stare con un uomo che puoi aiutare a migliorare al massimo (e che può fare lo stesso con te), e poi *vedere chi si fa vivo*. Se hai preso questa decisione, e la mantieni con convinzione, chiunque entri nella tua vita – anche se è solo per una settimana o un mese – ti offrirà la possibilità di espandere te stessa (e viceversa), proprio secondo i tuoi bisogni.

Come posso esserne così sicura? Perché so che ciò di cui hai bisogno, in qualsiasi momento, di solito si trova in cima alla pila. È così che funziona la vita. Mentre stai cercando quella particolare T-shirt che *devi* mettere stasera, la vita ha tranquillamente piazzato il top perfetto da mettere con quei jeans dove lo puoi vedere, e meglio ancora: è pulito! Tutto quello che devi fare è indossarlo.

Per qualche motivo, questo è l'ambito della relazione – ottenere ciò che vuoi *contro* credere che la vita ti darà quel che ti serve – in cui molte donne resistono con forza al cambiamento.

Come la mia amica Kim. Splendida bionda, Kim è abbastanza sicura di ciò che le occorre: il tipo di uomo che si può trovare in uno yacht club. Probabilmente perché Kim, trentatré anni, ha il più bel sorriso che si sia mai visto, con i denti più bianchi e dritti che si possano immaginare, e non si impegnerà mai se non con la preda migliore. Vuole un pezzo d'uomo che guadagni bene, alto, con le spalle larghe e pieno di capelli. Non lo dice a voce alta, ma si dà molto da fare per avere un bell'aspetto, ha un lavoro prestigioso nelle pubbliche relazioni, e so che sente, da qualche parte, di *meritare* un uomo che lasci senza fiato tanto quanto lei.

Kim ha appuntamenti quasi ogni weekend – tanti, perché, come ho detto, è davvero bella – e durante il resoconto del lunedì mattina, mi dice: « Ero seduta lì a pensare: "Questo è il tipo di uomo al quale Tracy dice che dovrei interessarmi, ma non sono interessata. Mi dispiace, ma proprio *non lo sono*. È troppo sfigato" ».

Prendi nota di quel che manca

Ricorda tutto quello che hai voluto nella tua vita e non hai ottenuto: la parte principale nella recita scolastica; la giacca Sergeant Pepper della collezione 2009 di Balmain; il tipo di nome Owen coi capelli ricci, che veniva da Pittsburgh; il lavoro pagato con una cifra a sei zeri, appena uscita dall'università. Ora chiediti quante di queste cose vorresti ancora. Stai bene anche se non le hai avute?

In un certo senso, questo è un esercizio gemello a quello della Scatola dell'Intenzione. Ti insegna a non essere troppo specifica su cosa credi sia utile alla tua vita, perché quando esamini a fondo i desideri del passato, diventa evidente che non avevi bisogno di quel che pensavi. Molto di ciò – cose e persone – che adesso credi di volere finirà nella stessa capsula del tempo, una simpatica nota a piè di pagina della tua storia. Una volta capito questo concetto, potresti includerlo nell'analisi che fai della tua situazione attuale, invece di perdere un sacco di tempo fantasticando sulla vita che potresti avere con un certo uomo.

Quello che lei chiama sfigato, io lo chiamo materiale da matrimonio. Perché, cosa ha ottenuto uscendo con tutte quelle prede da concorso, a parte rimanere da sola, che non è ciò che desidera?

Concentriamoci per un minuto su ciò che una ragazza superficiale «vuole». Direi che il 98 per cento cerca due cose: gli *uomini belli* e gli *uomini ricchi*. Vogliono qualcuno che possa rispondere alla loro fantasia del sesso perfetto e dell'attrazione (con bambini meravigliosi, naturalmente) e/o che faccia abbastanza soldi per vivere in una bella casa, in un quartiere appropriato, *senza* essere costrette a fare qualche lavoro di cui gli importa poco.

In qualche modo, le ragazze superficiali non sono superficiali tanto quanto sono speranzose. Sognano una certa vita con un certo tipo di uomo e non vogliono rinunciare a quel sogno.

Il problema è che quando rimangono ancorate a esso così a lungo, finiscono per arrivare intorno ai trentacinque anni. E, seriamente, cosa stanno aspettando di preciso?

Chiariamo, partendo dagli uomini belli.

La ragazza superficiale è spesso guidata dal bisogno della *chimica*. C'è l'idea che ciò verso cui si è attratti è invincibile. Non è così semplice. Per come la vedo io, ci sono più o meno tre tipi di attrazione:

1. *Oh, Dio no!* In sua presenza sei completamente scarica, se addirittura non ti repelle. Sei abbastanza sicura che i vostri geni non siano compatibili, ed è così che la natura ti tiene lontana da lui. Non. Può. Essere. Okay, va bene, non devi uscire con questo tizio, ma almeno non essere cattiva con lui.
2. *Oh, Dio sì!* Questo è il tipo di uomo con il quale l'attrazione sessuale è così intensa che vuoi sposarlo solo per la sua foto su Internet. L'importante, per poter frequentare un uomo partendo da questa scossa chimica, è sapere *quale tipo di uomo ti attrae così.* Se in passato sei stata insanamente attratta nello stesso modo da due o tre uomini (uno non è abbastanza), ed è saltato fuori che avevano un lavoro all'IBM ed erano interessati a un impegno serio, matrimonio e bambini, allora *vai* assolutamente! Ma se gli uomini, per cui *tu* senti questo tipo di attrazione, hanno la fobia dell'impegno, sono ragazzacci, bugiardi, traditori, sociopatici, ecc... stai lontana. Perché scegliere di

soffrire? Ti farai un grandissimo favore se deciderai in anticipo che anche questa volta non andrà diversamente.

3. *Mmm, mi chiedo...* Questo è il tipo di uomo con il quale finisci a parlare per un'ora alla festa anche se non l'avevi notato quando è entrato. Ti sorprendi nello scoprire che ti stai godendo la conversazione, e a un certo punto lo guardi e ti chiedi se potresti baciarlo e, nel caso, come sarebbe. Non ne sei sicura. Non necessariamente riesci a *immaginare* come potrebbe accadere, eppure ti trovi lì seduta a considerare la cosa. *Mmm, mi chiedo...*

Desidero che cominci a uscire con molti di questi numeri tre. Sappi che non puoi immaginare cosa c'è in serbo per te con quest'uomo, fino a quando almeno non l'hai baciato e non l'hai frequentato per, diciamo, novanta giorni. La relazione basata su questo tipo di attrazione è caratterizzata dal fatto che si sviluppa nel tempo: è più complessa, che è uno dei motivi per cui conduce a un impegno. Il nocciolo è: cerca un uomo che *ti interessa*, non necessariamente di cui sei pazza. Il paradosso sulla chimica – e molte di noi ora l'hanno capito – è che sembriamo essere attratte soprattutto dagli *uomini meno indicati*. Per quanto mi riguarda forse dipende dal fatto che mia madre e mio padre erano un disastro, ma i tuoi genitori non devono essere pessimi come i miei. Forse tuo padre era il tipo di uomo che amava flirtare, o bere, o scommettere, e tua madre aveva un problema con la rabbia, o era una maniaca del controllo, o un'ipocondriaca – e questo sarebbe già sufficiente per farti sentire attratta da tipi poco raccomandabili. Infatti, puoi valutare dal punto di vista energetico l'esperienza che hai avuto coi tuoi genitori (e specialmente come ti hanno ferita), dalle situazioni che continui ad affrontare nelle relazioni.

È sensuale ed è proprio il tuo tipo

Recentemente un'amica mi stava parlando di un uomo che l'aveva colpita. Lei ha trentadue anni e vuole sul serio sistemarsi, sposarsi e avere un bambino. Ma eccola al telefono, entusiasmarsi perché il tipo che le piace è « sensuale come... una volpe ». Come se fosse una cosa buona.

> *Amica:* Davvero, Tracy. È proprio come una volpe.
> *Io:* Una volpe? Che cosa vuoi ottenere da una volpe? Le volpi entrano nei pollai e uccidono le galline.

Non è solo una questione di aspetto, è un atteggiamento mentale. Una volpe, nel mondo animale, dà la caccia alle gallinelle e ruba le loro uova. Funziona così anche nelle frequentazioni sentimentali. Un certo atteggiamento è inversamente proporzionale all'impegno. A questo punto della mia vita – in effetti, è così da quando ho avuto più o meno ventitré anni – non vorrei dipendere da un uomo simile, nello stesso modo in cui non mangerei più un'intera busta di M&Ms. Sarebbe bellissimo mentre li sto sgranocchiando, ma non ho dubbi che, una volta finito, mi sentirei così male da chiedermi se ne è valsa la pena. E siccome conosco solo due donne che hanno effettivamente sposato uomini così (e una di loro ha un Pilates reformer installato in *casa sua*), ci sono buone possibilità che Mr. Volpe Sensuale non durerà abbastanza perché il gioco sia valsa la candela.

Io continuavo a finire con scaltri donnaioli. Come questo tizio per cui avevo una cotta, Justin. Bellissimo, con una carriera di rilievo a Hollywood, quest'uomo ha ciò che le donne vogliono e ne è consapevole. Una volta, mentre eravamo pigiati in una piccola, affollata galleria d'arte, Justin mi ha superata e mentre si strusciava contro di me (il suo torso sulla mia schiena; *estasi*), ha fatto cadere la sua mano sulla mia, e le sue dita hanno sfiorato la parte interna del mio palmo. *La parte interna del mio palmo!* Parlando di chimica: sapevo che se mi fossi permessa di seguirlo, i bicchieri di vetro sarebbero certamente finiti in frantumi.

Comunque, per quanto allettante potesse essere, avevo già imparato dal mio primo marito dove quel genere di uomo ti porta; ed era un'esperienza che non volevo ripetere. Sapevo di doverla chiudere lì. Congelarla. Iniziare a pensare criticamente. Esattamente, chi era questo Justin verso il quale provavo questa sorprendente attrazione "chimica"? Guardiamo più da vicino:

- Non ha mai avuto relazioni a lungo termine.
- Sta per compiere quarant'anni, ma tende a uscire con donne (ragazze, per la precisione) di venti, perché può permetterselo. Le donne che vedi al suo braccio assomigliano spesso ad Audrina del reality *The Hills*, se fosse andata all'università o magari fosse asiatica.
- Il suo profilo su Facebook lo mostra solitamente in costume da bagno, mentre beve Martini.
- Guida una *muscle car* d'epoca.

Sono solo quattro cose, ma fanno già capire chiaramente che Justin poteva anche essere affascinante, ma *non sarebbe stato il marito di nessuna, nel futuro prossimo.* Almeno non un *buon* marito. Sì, forse quando avrà quarantasette anni si prenderà una bellissima ventottenne, e le farà fare un figlio o due, ma, prevedibilmente, quando quei bambini avranno cinque e sette anni, lui andrà a sfiorare il palmo di qualche bella mamma alla raccolta fondi scolastica. *Aiuto.* E, grazie a Dio, io non devo essere la moglie che fa finta di non notarlo.

Okay, a questo punto hai capito che non tutti gli uomini sexy sono da frequentare. Ora parliamo di quelli ricchi, gli uomini che hanno lavoro, appartamento, auto e/o conto in banca strepitosi. Ovviamente, mettersi con qualcuno che sa come tenersi un lavoro, ed è bravo a pagarsi l'affitto ogni mese (non conta se l'affitto è alto o meno), è una buona cosa.

Ma sai che stai sguazzando inutilmente nel mare degli appuntamenti se *snobbi* un brav'uomo con un lavoro stabile, qualcuno che potrebbe farti dire: «*Mmm, mi chiedo...*», per *aspettare* uno che guadagni di più dal quale, sei convinta, saresti pazzamente attratta.

Poche donne superficiali riflettono sul fatto che, anche se ci sono effettivi vantaggi nello sposare un uomo con un reddito alto, ci sono anche degli svantaggi, di cui nessuno parla mai. Ma dopo quattordici anni come mamma, e nell'ambiente dello spettacolo, ho fatto alcuni paragoni fra padri della classe media e padri ricchi.

1. *Gli uomini ricchi non sono mai a casa.* Okay, non «mai», ma certamente meno spesso degli uomini che hanno un reddito da classe media. Nessuno ti paga un sacco di soldi perché vai in ufficio alle 9 del mattino e torni a casa alle 5 del pomeriggio.
2. *Il matrimonio degli uomini che guadagnano tanto tende a essere molto tradizionale.* Qualcuno deve stare a casa a occuparsi dei bambini e di tutto il resto, e quando ci sono un sacco di soldi e la moglie non lavora, quel qualcuno di solito è lei. Da quanto ho osservato, quest'accordo funziona meglio quando i bambini sono piccolissimi, con meno di quattro anni, perché man mano che i bambini crescono, la tua carriera – qual-

siasi essa fosse – finisce col passare in secondo piano. In men che non si dica sono trascorsi dieci anni, e si è compiuta una grande ingiustizia. Nessuno vuole dirlo a voce alta, perché di solito queste donne hanno belle case, bei bambini e belle vite. Se preferisci un matrimonio tradizionale, questo potrebbe andare bene per te. Devi solo sapere che tipo di donna sei, ed essere sicura di non venderti per un sogno che non è nemmeno davvero il tuo.

3. *Le donne degli uomini ricchi hanno un lavoro: manager della casa.* Gestire una casa è faticoso, specialmente se è grande e bella. E quando hai un marito che fa un sacco di soldi, di solito non è il tipo che si occupa del bucato, dividendo con te l'impegno al cinquanta per cento. E non preparerà i cestini del pranzo per i bambini (nessuno ti aveva detto che le scuole private spesso non hanno una mensa!), non andrà a prendere anche i compagni di scuola dei tuoi figli, o non aspetterà l'arrivo dell'idraulico. Questo è il *tuo* lavoro, quando hai un uomo da mezzo milione di dollari. Potresti immaginare che avrai abbastanza soldi per assumere qualcuno che faccia tutto questo al posto tuo, ma anche quando hai delle cameriere a tempo pieno, sarà compito tuo assumerle, gestirle, licenziarle e, ovviamente, sostituirle quando sono malate. Questo significa che non solo ti mancherà l'aiuto di un uomo, ma che i tuoi figli non avranno l'occasione di vedere un uomo che si occupa di queste incombenze. E abbiamo davvero lottato per l'uguaglianza negli anni Settanta e Ottanta, se dobbiamo tornare indietro ai Cinquanta? Può darsi.
4. *Gli uomini ricchi possono mettere ostacoli a un tuo nuovo matrimonio.* Di solito, il divorzio è un'esperienza difficile, ma quando sei sposata a un uomo ricco, può essere anche peggio. Potresti avere un importante aiuto economico, ma è possibile che sarai da sola molto più

dell'ex moglie di un uomo con una posizione normale, visto il punto numero 1. L'altra questione è che se divorzi, potrebbe essere difficile trovare un altro compagno. Pochi uomini si sentono a proprio agio nel frequentare o sposare una donna di cui si prende cura un altro uomo, perché l'ex ha troppo potere su di lei.

Trovare un uomo ricco potrebbe potenzialmente portarti molti problemi da risolvere. Allora, come fai a passare dal controllare spesso il tuo elenco di qualità irrinunciabili a uscire con qualcuno davvero giusto?

Dritte spirituali che ti aiuteranno a cambiare

Ecco il punto in cui molte mi direbbero, con voce particolarmente acuta: « Mi stai dicendo che *non posso* uscire con uomini dai quali sono attratta? » Calma. Non sto dicendo che devi *smettere* di cercare qualcuno che ti piace, ti sto chiedendo di capire meglio cosa ti attrae e quali sono le tue ipotesi al riguardo. L'attrazione non è qualcosa che ti « accade » e basta, è un processo dinamico, che ti regala lo spazio per fare scelte di ogni tipo; alcune funzioneranno meglio per te che per altre donne.

Un'altra cosa sulla chimica: so che riguarda i feromoni o simili, ma a livello spirituale credo che il discorso sia diverso. Penso che quelle due specifiche persone finiscano insieme – oltre che per il desiderio, l'altezza, i soldi, gli occhi azzurri, o qualsiasi motivo per cui tu *pensi* che lui ti piaccia – perché devono imparare qualcosa l'una dall'altra, e nessuno al loro posto potrebbe aiutarle a fare altrettanto. E per « aiutarle » intendo infliggere così tanto dolore da non permettere loro di fuggire dalla lezione.

Non che non possano provare a fuggire. Si chiama divorzio. Ma per quel che so, in nessun modo significa che si sia evitata la lezione, significa solo che la si dovrà affrontare con un altro partner, che potrà rinfacciarti le tue esperienze fallimentari e concludere che qualsiasi cosa accada nella tua relazione con lui, probabilmente è colpa tua. E potrai difenderti ben poco, perché hai già percorso prima quella strada. Così, se si tratta di una persona onesta, potresti tenere duro.

Ed ecco che un'altra idea spirituale sconvolgente si presenta: ciò che sei è ciò che ottieni. Talvolta viene chiamata Legge d'Attrazione. Può voler dire molte cose, ma in questo caso significa che la tua anima gemella sarà sempre, be', la tua anima gemella. Quindi se sei superficiale, questo è quel che attirerai. Senza eccezioni. Sono gli uguali ad attrarsi. Il buddismo zen dice così: *Come sopra, così sotto*; o *come dentro, così fuori.*

A titolo d'esempio, torniamo all'inizio del capitolo, al tipo che vuole uscire solo con le donne che hanno voti da 8, 9 e 10. Derek è un avvocato, alto un metro e novanta, attraente, con un grande swing a golf, e un futuro molto promettente. È convinto che molte donne siano in cerca di soldi (non tutte, in realtà, solo quelle attraenti), non può minimamente *immaginare* quanto sia influenzato da questo pregiudizio, e questo lo rende la metà perfetta per le donne che non sanno di oggettificare gli uomini.

Ma se lo ascolti attentamente, te ne rendi conto. Dagli un paio di drink (okay, quattro) e lo farai parlare di donne. Derek dirà ad alta voce che piace alle ragazze solo perché è un avvocato, e quando lo vedono arrivare (sulla sua Range Rover, bada bene) si gettano ai suoi piedi in nome del denaro. Chiaramente, non tutte le donne sono così, ma è interessante notare che circa il 95 per cento delle donne che *hanno l'approvazione di Derek*, ricadono in questa categoria.

Io trovo ancor più interessante il fatto che alcune delle sue fidanzate hanno in effetti iniziato la loro vita come degli « 8 ». Visto che Derek voleva una donna con un punteggio più alto, le donne che frequentava avevano la stessa ambizione. Aggiungevano un po' di decimali al loro voto nei soliti modi: enfatizzando il colore dei capelli, passando da passeggiate a passo allegro a spinning duro quattro o cinque volte alla settimana e, almeno nel caso di un paio di loro, facendosi fare un seno più grande o un naso più piccolo.

Non c'è nulla di sbagliato in queste cose, ma non è neppure una coincidenza che tali « miglioramenti » siano ciò che rende attraenti queste donne per uomini come Derek. Quando le persone – che siano maschi o femmine – si considerano oggetti per « catturare » altri oggetti, finiscono solo per mettersi con la versione di se stesse dell'altro sesso. Qualche volta funziona – lui fa i soldi, lei passa i suoi giorni a farsi carina – ma c'è un modo molto più divertente per vivere il matrimonio. E sebbene Derek stia chiaramente cercando questo tipo di donne (e loro stanno cercando lui), ha confuso ciò che viene *da dentro* con quello che c'è là fuori.

Parliamo allora del cambiamento: è semplice, devi diventare più *profonda*. Devi mettere in atto un mutamento consapevole nel modo in cui ti avvicini agli uomini che incontri: tutti gli uomini che incontri, non solo quelli che ti interessano. Fai uno sforzo per parlare con uomini ai quali, fino a quel momento, non avresti rivolto la parola. Questa è un'azione positiva per due ragioni: primo, quando non vuoi niente da un uomo, è più facile concentrarsi su che persona è; secondo, quando impari a rapportarti agli uomini senza un secondo fine, scoprirai che noti maggiormente le *qualità* di ogni singolo individuo: il modo in cui è e le caratteristiche che ha o non ha.

Ascolta veramente quel che ti sta dicendo, non importa di cosa stia parlando, imparerai molto della sua personalità. Come vede il mondo? Quali sono i suoi valori?

Chi pensa di essere, e quale crede sia il suo scopo su questo pianeta?

Questo è un aspetto che non corre il rischio di essere sopravvalutato: la personalità è la cosa più importante da cercare in un uomo. Dopo che è arrivata la pancia, le rughe si sono fatte vedere e la fase del sesso super è passata, rimarrai con il suo carattere, quindi è meglio che sia buono.

Abituarsi a questo comportamento influenzerà il modo in cui interagisci con gli uomini che ti *interessano* davvero; invece di cercarli seguendo la solita logica, e cioè se li vuoi oppure no, comincerai a pensare più a come sono dentro. Fatti questa domanda: com'era da piccolo? Cosa voleva diventare? Qual è il suo più profondo desiderio nella vita? Io potrei essere la persona che lo accompagna per parte del suo viaggio?

Man mano che dimostrerai un maggiore quanto sincero interesse – e più profondità – nei tuoi rapporti con gli uomini, non comincerai solo tu a notare in loro qualcosa di diverso, ma anche loro noteranno qualcosa di diverso in te. È una conseguenza dell'energia che ci stai mettendo e che tornerà sempre, e intendo *sempre*, indietro per come l'hai mandata fuori. È come un boomerang: se esprimi profondità, otterrai profondità. Non importa quali peculiarità pensi di cercare in un compagno, ti posso garantire che quello che vuoi è semplicissimo: tu vuoi amore, pace, una felice, armoniosa relazione con una persona che desidera la stessa cosa, ed è capace di crearla insieme a te.

Quello che l'ultimo uomo con cui sei uscita sapeva, ma non ha potuto dirti

Dopo aver letto il capitolo 2, sai perché gli uomini saggi ti invitano fuori solo una volta. Ripassiamolo di nuovo, a mo' di riepilogo:

- ***Sei superficiale.*** Ti stai concentrando sugli aspetti superficiali e non presti attenzione a quel che è davvero importante, come il carattere di un uomo.
- ***È perfezionismo.*** Questo è ciò che sta dietro alla superficialità. Tratti gli uomini come oggetti che servono a completare, in qualche modo, la tua vita. Gli uomini di valore lo vedono da un chilometro di distanza e ti eviteranno.
- ***Cresci.*** Si è superficiali quando si ragiona da adolescenti, troppo preoccupati del giudizio degli altri.
- ***Lascia perdere la tua lista.*** Non stai cercando più quello che vuoi, stai cercando ciò di cui hai bisogno.
- ***Vai in profondità.*** Cerca la *persona* dentro l'uomo. Scopri cosa lo motiva, qual è il suo scopo, e chiedi veramente a te stessa se senti che potrebbe essere un bene per te far parte di tutto questo.

Capitolo 3

Sei una sgualdrina

Perché la promiscuità sessuale probabilmente non ti farà sposare

1. Fai sesso regolarmente con uomini che non si sentono impegnati con te?
2. Ti trovi coinvolta con uomini con cui intendevi solo avere una breve avventura?
3. Pensi che il sesso con un partner sia l'unico sesso che conti veramente?

VEDIAMO DI ESSERE CHIARE: puoi fare sesso con chi ti pare. Non m'importa di quello che fanno, in privato, le persone con il proprio corpo: non sono qui per fare la moralista, però quando si parla di frequentare un uomo, e di fare coppia con lui, il tuo comportamento sessuale è ovviamente una componente della tua immagine complessiva.

Quando parlo con una donna della storia delle sue relazioni, una delle prime cose che chiedo riguarda il sesso. Quando fai sesso per la prima volta con un nuovo compagno? Come ti comporti tra un fidanzato e l'altro? Cerchi di avere degli amici-con-benefit? Funziona? Com'è la tua vita sessuale con te stessa? Come, quando e con chi fai sesso, mia cara, influisce in molti modi diversi sulle tue probabilità di sposarti.

Essere una sgualdrina è solo uno di questi. Ora, so che il termine « sgualdrina » è provocatorio e non voglio davvero dire che essere promiscue sia una brutta cosa in sé; voglio dire: fino a che ti tratti bene, chi sono io per giudicare? Ma fare sesso con uomini con cui non hai un impegno o che non si sentono impegnati con te, può essere un problema quale non puoi neppure *immaginare*. Specialmente quando si tratta di sposarsi. Esiste un aspetto biologico di fondo nel sesso, nel frequentare qualcuno, nel mettersi insieme che, in molti casi, ha un peso maggiore dell'idea *cool* che dovresti poter fare sesso per puro divertimento e con leggerezza. In teoria, è possibile. In pratica, raramente funziona (conosco al massimo due donne che ci riescono, con successo). Come dico spesso, il sesso occasionale è come l'uso di eroina «per divertimento»: non rimane un divertimento a lungo. Il sesso, specialmente quello soddisfacente, porta all'assuefazione e perciò potrebbe ostacolare seriamente la nascita di quel genere di relazione che sfocia nel matrimonio.

Di cosa si tratta

Ciò di cui sto parlando è il *sesso occasionale*, al di fuori di una relazione seria. Non hai idea di quanto io odi sembrare una conservatrice – perché non lo sono, proprio per *nulla* – ma nei miei trent'anni di frequentazione e chiacchiere con le donne a proposito delle loro relazioni, sono giunta a questa conclusione, benché per ragioni totalmente diverse. Non sto dicendo che devi rinunciare completamente al sesso, ma se ti trovi invischiata in relazioni sessuali che non ti porteranno al matrimonio *e tu vuoi sposarti*, devi ripensare il modo in cui ti avvicini al sesso.

Il sesso occasionale è probabilmente la più grande bugia mai detta. Il sesso non è mai occasionale. Rimane quella cosa che porta i bambini nel mondo, edifica regni e li distrugge, e spinge uomini o donne a uccidere il coniuge. Il fatto che ci sia stato un intero decennio fra l'Estate dell'Amore (1967)* e l'Estate di Sam (1977),** in cui le persone hanno scopato con successo con chiunque abbiano voluto, dovunque abbiano voluto, ha contribuito parecchio a confondere la sessualità moderna. Abbiamo avuto la sfortuna di vedere il sesso occasionale rappresentato in tanta bella musica, bei film, in televisione, che siamo riuscite a convincerci che poteva accadere anche a noi.

È importante notare che non tutto il sesso occasionale è uguale. Ce ne sono di diversi tipi: quello che si è deciso di avere; quello di cui ci si accontenta; e quello che non sai neppure di fare, visto che il tuo partner non ti ha detto che non è davvero interessato a te. In effetti, ci sono tanti tipi di sesso occasionale quanti sono gli uomini che vogliono fare sesso con te senza impegno. Ecco alcuni dei più comuni, che potresti incontrare:

- ***Il mascalzone.*** È il farabutto che gode nel conquistare l'affetto di donne interessanti e belle, e che per ottenerlo mentirà, dissimulerà o prevaricherà. Probabilmente non ti mentirà apertamente sulla sua intenzione di avere una relazione con te, ma è certo che lascerà che tu menta a te stessa. Questo tipo di uomo è frequente in ambiti professionali che gli permettono di incontrare molte donne bellissime: fotografi di moda, barman o papponi.
- ***Il Peter Pan.*** È l'uomo che non può fare seriamente con te, perché non può essere serio a proposito di se stesso. Sfreccia per la città su uno skateboard ed

* Con l'Estate dell'Amore ci riferisce all'estate del 1967, quando circa centomila giovani raggiunsero San Francisco, dando vita ai prodromi del Sessantotto, con la rivoluzione hippie. (*N.d.T.*)

** Nell'estate del 1977 un serial killer, David Berkowitz, uccideva coppiette e donne sole nel Bronx; si firmava « Son of Sam », figlio di Sam. (*N.d.T.*)

è molto carino coi suoi vestiti comprati in un negozio di seconda mano. Ti troverai a cercare scuse coi tuoi amici per i suoi tre compagni d'appartamento, per il fatto che fuma e beve e lavora in una caffetteria. C'è un'unica occasione in cui è sempre puntuale: le prove del suo complesso. Continui a sperare che si decida a crescere, ma ammettiamolo: non succederà mai, almeno non con te.

- ***Il carrierista.*** Alcuni uomini sono così concentrati sulla loro carriera che non hanno energie da mettere in una relazione. Le donne amano i carrieristi perché sono un buon partito: sembrano da sposare perché lavorano duro, spesso hanno studiato e hanno una professione ben pagata, ma non ci si può sbagliare: un uomo che mette tutto nella carriera può rubare *anni* della tua vita, se glielo permetti. La qualità di quest'uomo, che lo riscatta, è che solitamente sarà sincero su chi è, e sul fatto che sta cercando donne che non se ne fanno un problema. Si impegnerà, prima o poi, ma solo se hai ancora trentun anni quando diventerà vicepresidente. Cosa che non può accadere, visto che tu hai *già* trentun anni.
- ***Il baro.*** Questo è l'uomo che non può impegnarsi con te perché è già impegnato con qualcun'altra... nel modo peggiore possibile. Cosa si può dire, se non che se hai una passione per uno così, probabilmente devi fare un buon lavoro su tuo padre, mentre sei in terapia?

Altre versioni includono l'uomo che ti è molto vicino dal punto di vista emotivo – tipo amico del cuore – ma senza sesso, perché dopotutto lui ha già una relazione con la sua attuale fidanzata. E poi c'è quello che ti frequenta perché *sta per lasciare* la moglie o la fidanzata con cui vive. Dovrebbe essere ovvio, ma se un tizio è in qualche modo legato emotivamente a un'altra donna, devi farti il favore di lasciarlo perdere.

- ***L'intrigante.*** È l'uomo che ama così tanto le tue attenzioni da prospettare continuamente la possibilità di una relazione, senza mai lasciare che si concretizzi. Telefona, o manda messaggi, o t'incontra per caso *quel tanto che basta* per mantenere desto il tuo interesse, senza fare in effetti alcuna promessa. È un po' come la pubblicità da un miliardo di dollari di una crema: le parole sono scelte tanto accuratamente che non puoi dire con precisione cosa ti stia promettendo, però sai che ti ha comunicato la sensazione che debba essere *favolosa*. E la confezione? Fantastica. Si tratta di un uomo iperfrustrante, perché spesso c'è una donna con la quale sarebbe disponibile a impegnarsi, solo che non sei tu. È qualche ragazza pericolosamente bella, che suona in una rock band, o qualcosa del genere.
- ***Il Jack Nicholson.*** Ultimo, ma non per importanza, è l'uomo che non s'impegnerà *mai*. Mai. Purtroppo il suo fascino sbarazzino t'impedirà di preoccupartene! Potrebbe essere ricco, avere sex appeal o umorismo, ma quel che conta è che sarà sempre più divertente degli altri, anche perché non si sente oppresso dalle stesse preoccupazioni che invece esauriscono i suoi concorrenti! Se vuoi perdere tempo con uomo appartenente a queste categorie, costui rappresenta forse la scelta meno pericolosa, perché nessuna, se non la donna *più* pazza del mondo, penserebbe mai di riuscire a convincere Jack Nicholson a mettere la testa a posto. Per questo motivo, e perché è così *vecchio*.

Vale la pena di sottolineare che nessuno di questi uomini è *cattivo*. Sono solo motivati dal proprio interesse personale e si trovano a un punto della loro vita in cui « interesse personale » significa frequentare più di una donna. Non c'è nulla di sbagliato in questo, a meno che tu non stia provando (1) a farli cambiare o (2) ad aspettarli.

Se fosse questo il caso, potresti aspettare per un bel po'. Tra le donne che conosco non ce n'è stata una che *non* abbia sprecato mesi (o anni) della sua vita, rimanendo legata a un uomo con cui cercava di avere una relazione senza impegno. Sembra diventare più frequente man mano che le donne invecchiano, ma succede a ogni età.

Perché Melissa non è sposata

La mia amica Melissa è uno degli esempi estremi di questo fenomeno. Ha iniziato a frequentare un bellissimo australiano di nome Simon, quando non aveva ancora trent'anni. Per i primi quattro mesi, le cose sembravano procedere al solito: Simon non aveva ancora promesso una relazione a lungo termine, ma c'erano state alcune belle conversazioni intime, la chiamava « tesoro », e non aveva neppure mai escluso la possibilità di un coinvolgimento più serio. Il problema è iniziato quando la relazione avrebbe dovuto giungere al consueto giro di boa del rendiamola-ufficiale, come avere uno spazzolino da denti nella casa del partner, fare una vacanza insieme o conoscere i genitori. Mettiamola così: per Melissa quel momento non è mai arrivato.

Dopo nove mesi senza alcun reale progresso, Melissa l'ha capito: Simon non aveva nessuna intenzione di impegnarsi. Così ha chiuso, o almeno ci ha provato. Prevedibilmente, dopo più o meno un mese, hanno iniziato a sentire la « mancanza » l'uno dell'altra. Dopo alcune telefonate fatte sotto l'influsso dell'alcol, Melissa ha deciso di provare a cambiare rotta. Perché non lasciare le cose così, senza vincoli? Dopotutto, lui le piaceva, non c'e-

Non è detto che la chimica migliori la vita

Il processo di legarsi a qualcuno, e di innamorarsi, è parte di un sistema complessivo, strutturato per stare con un uomo il tempo necessario per avere un bambino da lui. Ci sono sostanze chimiche che aiutano il processo: ossitocina, dopamina, serotonina; sono sostanze che ti fanno sentire *bene*, producono la sensazione di «essere innamorati», in effetti loro *sono* la sensazione di essere innamorati.

Prima di conoscere la biologia dei legami di coppia, pensavo che ci fosse qualcosa *di sbagliato* in me. Com'è che non riuscivo a immaginare di farmi una scopata con uno e poi passare oltre? Sembrava che chiunque – almeno in TV e al cinema – lo facesse senza un problema al mondo. Tutti, tranne me. Finiva sempre che iniziavo a *voler stare* con quel tipo. Ero proprio una perdente.

Ho sprecato anni, cercando senza successo di fare del sesso occasionale. Sono cresciuta negli anni Settanta ed era scontato che, diventata maggiorenne, avrei fatto un sacco di sesso. Occasionale. Ho visto *La febbre del sabato sera* l'estate prima di iniziare la scuola superiore, e non vedevo l'ora. New York! Discoteche! Vestiti! Ero prontissima per trovare Tony Manero e fare sesso fuori dal locale, sui sedili posteriori della macchina di Double J.

Ma non è quello che è accaduto.

Invece mi sono messa con un ragazzo dalla seconda superiore, e siamo stati insieme per due anni e mezzo. Quando è finita, ho trovato un altro ragazzo e alla fine... l'ho *sposato*. Dopo cinque anni ci siamo lasciati, e la persona con cui mi sono messa dopo è durata un anno. E così via. Se ero sessualmente coinvolta con un uomo – e intendo anche dopo solo un paio di entusiastiche pomiciate – finivo col sentirmi legata a lui. Non li ho sposati tutti, ma sicuramente mi sono sentita legata a tutti.

Ecco perché, quando le sostanze chimiche diminuiscono naturalmente, nei diciotto-ventiquattro mesi successivi all'inizio della relazione, alcuni (e quando dico «alcuni» intendo la mia vecchia me) pensano di non essere più «innamorati» e credono significhi che dovrebbero chiudere la relazione, per qualcun altro di cui «innamorarsi» ancora. Non sanno che l'«innamoramento» è, di base, uno stato chimico. Pensano che riguardi *la persona*. Non è così, non necessariamente.

ra nessun altro all'orizzonte che le interessasse al momento, e il sesso era incredibile. Quindi, sì. *Perché no?*

Perché questo è successo sei anni fa, ecco perché.

Melissa è uscita con un sacco di uomini in quel periodo, alcuni dei quali le piacevano molto, ma continuava a tornare da Simon. Come mai? Con nessuno di loro ha raggiunto un certo grado d'intimità, questo è il bello. Lei aveva una storia con Simon. Certo, c'è anche un aspetto psicologico di cui tener conto: amare un uomo che non ti ricambia, *blablabla*. Ma a un livello più profondo, biologico, Melissa sta con Simon per una ragione molto più semplice: è legata a lui.

Passare anni con uno come Simon è un po' come comprare un'auto senza sapere quanto costerà... perché il prezzo verrà spalmato negli anni persi per via dell'ottima relazione sessuale che Melissa ha con Simon.

Ecco cosa voglio dire a Melissa: può dimostrare ventinove anni, però i suoi ovuli ne hanno trentacinque. E lo dico anche a te: *hai un numero limitato di ovuli.*

È una dannata *rottura*, ma è la verità, e se vuoi sposarti e avere figli in quest'ordine (non che l'ordine mi interessi) devi assumertene la responsabilità il prima possibile.

Il fatto è che l'invecchiamento si avvicina furtivamente. L'ho visto succedere ad almeno una mezza dozzina di amiche. Un momento sei sulla trentina e hai a che fare con molti uomini interessanti e sexy, e un attimo dopo sei vicina ai quaranta. Gli anni fra i trentadue e i trentasette sono quelli che passano più velocemente: è la differenza fra « ho tutto il tempo » a « ommioddio ». Non voglio sembrare allarmista, è solo che ho visto tante donne in gamba non capire che i trent'anni non sono uno scherzo. Devi pensarci seriamente e alla svelta, se vuoi avere una famiglia senza passare da un centro per la fertilità.

Appunti sulla mia vita come sposa incinta

Ho imparato questa lezione in particolare, perché avevo quasi perso me stessa. Ho avuto la fortuna sfacciata di essere messa incinta – da un uomo davvero notevole, che voleva impegnarsi – all'età di trentun anni. Questo accadeva a metà degli anni Novanta, prima che ogni attrice di Hollywood saltasse sul carro della maternità. Ero la prima delle mie amiche – almeno quelle che non vivevano nel Minnesota – a rimanere incinta. Credimi, quando ho annunciato alle mie amiche di New York e Los Angeles che avrei partorito ad aprile, tutte mi hanno guardato come fossi *pazza*, ma una voce nel profondo mi diceva che volevo quel bambino più di ogni altra cosa *al mondo*, e sebbene uscissi col padre da meno di sei mesi (e quando ho scoperto di aspettare un bimbo tecnicamente avevamo rotto) non c'è stato neppure un momento in cui ho dubitato. Maternità, arrivo!... che il padre lo volesse oppure no.

Ma naturalmente il padre lo voleva, perché dopo tre anni di vita a New York – una città in cui non correvo alcun rischio di impegnarmi (potevo essere impegnata, ma non con qualcuno) – avevo deciso di uscire solo con uomini che mi avrebbero presa sul serio. Questo significava frequentare qualche brav'uomo, anche se non sarebbe stato del tipo che avrebbe attirato la mia attenzione mentre bighellonavo lungo Avenue A nell'East Village.

Guardando indietro, quella è stata la cosa più intelligente che io abbia mai fatto. Non che mi prenda particolare merito per questo. Credo sia una di quelle lezioni che impari quando la persona davanti a te viene coinvolta in un incidente automobilistico che tu hai schivato per un soffio. In fondo al cuore, so di essere esattamente uguale alle mie amiche che si sono trovate senza marito e senza figli a quarantun anni; ho i loro stessi pensieri e sentimenti. È solo che, con la mia terribile infanzia, non mi sono mai sentita *realmente* sicura per uscire con qualcuno e farci sesso senza impegno.

È importante anche dire che non ero sicura di voler uscire con quel bravo ragazzo. Ero lacerata: dovevo rifiutarlo a favore di un tizio più alla moda, il tipo che *non* indossa la tuta a una grande festa hollywoodiana a casa di Adam Sandler? (È una storia vera.) Alla fine mi sono fidata del mio istinto migliore, ho scelto la bontà al posto dell'essere trendy, e ho imparato una lezione molto importante: nella vita ci sono cose più importanti di quel che si indossa a un'importante festa a Hollywood (in effetti, ci sono cose più importanti nella vita delle importanti feste a Hollywood). Lo so perché sono quindici anni che non sono più sposata con Mister Tuta, e lui è tuttora, come allora, una persona di grande integrità.

Okay, la morale non è che prima inizi a frequentare

uomini come si deve, prima potrai rimanere accidentalmente incinta e sposarne uno, però potrebbe succedere.

Quel che bisogna sapere sugli uomini

Penserai che ormai sia assodato, ma gli uomini non s'innamorano passando attraverso il loro pene. Proprio per niente. La gran parte degli uomini può felicemente andare a letto con estranee e amiche, e non avere problemi a mantenere queste relazioni esattamente dove vuole: laggiù, in sospeso. Forse perché sono più bravi a tenere le cose divise o perché non hanno tanta ossitocina quanto noi, ma le motivazioni non sono davvero così importanti, non è vero? Ciò che conta sapere è che non c'è quantità di sesso favoloso che trasformerà un uomo nel *tuo* uomo, se lui non lo vuole.

Per molti di loro, se non per la maggior parte, iniziare una relazione a lungo termine è una *decisione*. Possono condividere con te gli stessi profondi sentimenti, ma un uomo equilibrato non perde esattamente la testa, è più come se valutasse con precisione il reale potenziale di una relazione e, se gli piace quel che vede, decide di concedersi di «lasciarsi andare» un po'. Poi, man mano che le cose evolvono, si lascia andare ancora un po', e poi ancora un po', e ancora un po', fino a quando non si trova coinvolto per intero nella relazione. Il lasciarsi andare progredisce man mano che scopre chi sei: se di te ci si può fidare, se sei sana di mente, se il sesso funziona, se pensa che gli piacerebbe la vita come potrebbe essere con te e, più importante di tutto, SE SI SENTE PRONTO.

Qualche volta è dura capire se la relazione che hai sta solo decollando lentamente, oppure se lui è interessato unicamente a una storia di sesso senza impegno. Molti comportamenti sembrano i medesimi, almeno nel primo periodo, ma ecco la differenza: saprai se un uomo sta decidendo di farsi coinvolgere perché te lo dirà.

Se un uomo che frequenti regolarmente e con cui fai sesso regolarmente, nel giro di un mese o due non ti dice che si sta innamorando di te, allora puoi presumere con una certa sicurezza che ciò non stia accadendo. Nel caso tu te lo stia ancora chiedendo – perché noi donne amiamo sperare – c'è un metodo infallibile per avere una risposta: se non sei certa di avere una relazione con qualcuno, allora *questa relazione non ce l'hai.*

Poi c'è una situazione più confusa, cioè quando hai una relazione, ma non è profonda. È quel che sta accadendo alla mia amica Erica: sta uscendo con un uomo sulla quarantina da sette mesi. Erica e Tony passano insieme ogni weekend e un paio di notti a settimana. Tony ha due figli e una ex moglie, i quali apparentemente occupano così tanto spazio nella sua vita, da spingerlo a desiderare solo una relazione informale con Erica. In effetti, Tony potrebbe dire « informale », in pratica quello che intende veramente è « senza impegno », perché anche se Tony è monogamo, un impiegato, possiede la sua casa e quando ha del tempo libero lo passa felicemente con Erica, non è davvero disponibile, visto che la relazione non si sta facendo più seria. Erica esita a parlare del loro futuro insieme – e questo è un campanello d'allarme, visto che il futuro è off-limit in una relazione senza impegno – probabilmente perché in fondo al cuore sa che non c'è nessun futuro oltre a ciò che già condividono.

Erica vuole aspettare a discutere con lui di un impegno a lungo termine, almeno fino a quando i figli di Tony non saranno più grandi e la sua ex moglie sarà meno presente nella sua quotidianità, ma questo non farà alcuna differenza perché la verità è che figli ed ex moglie non sono qualcosa che possano trattenere un uomo dall'avere una relazione profonda, se la desidera. Semplicemente Tony non la vuole. Questa è una verità che Erica non vuole affrontare, al momento. E chi può condannarla? Nessuna vuole rinunciare all'uomo che ama.

Come devi cambiare

Numero uno: *smetti di avere a che fare con uomini che non sono disponibili.* Niente ti farà rimanere single contro la tua volontà, quanto legarti a uomini non disponibili. Ecco perché, se vuoi sposarti in un futuro prossimo, non ti ripeterò mai abbastanza di stare molto attenta al tipo di persona alla quale ti leghi. Come ho già spiegato, potrei cominciare a fare sesso con, per dire, Quasimodo, e la prossima notizia che avrai di me è che desidero mi chieda di sposarlo. In effetti, ho sempre pensato che un'altra interpretazione della favola della Bella e la Bestia è che *non importa veramente* se l'uomo è brutto o cattivo: se il sesso è di alta qualità, mi attaccherò al mio amante nonostante tutto. Spiacevole, ma apparentemente vero.

Così, se t'interessa il matrimonio, devi valutare se saltare nel letto di qualcuno con la stessa attenzione con cui esamineresti una nave che vuoi usare per navigare l'oceano Pacifico. Ti assicureresti che sia adatta allo scopo, giusto? È meglio che non abbia qualche falla considerevole, un buco gigantesco nella vela o l'equipaggiamento per la navigazione danneggiato. È la stessa cosa per gli uomini. Non devi cercare la perfezione: ogni uomo sul pianeta ha dei difetti; quel che devi cercare sono le qualità fondamentali che caratterizzano una brava persona – gentilezza, umorismo, onestà – ed è importantissima la sua inclinazione a impegnarsi. Non devi neppure essere subito certa che l'uomo in questione voglia impegnarsi con *te*, ma deve volersi impegnare con *qualcuno*, da qualche parte, e se ha un passato di relazioni serie, meglio ancora.

Gli uomini da sposare sono finiti?

Assolutamente no, ma una recente ricerca spiega il motivo per cui potrebbe sembrare così. Pare che molte donne trovino gli uomini già impegnati più attraenti di quelli liberi.

Gli studiosi di psicologia sociale della Oklahoma State University hanno fatto vedere ai soggetti dell'esperimento la fotografia di una persona attraente del sesso opposto. Alla metà di loro è stato detto che si trattava di qualcuno già fidanzato, all'altra metà che era libero. Il risultato è stato rivelatore. Ai soggetti che avevano già una relazione, non importava particolarmente se la persona della fotografia fosse libera oppure no, ma non si poteva dire la stessa cosa per le donne single, che hanno mostrato una marcata preferenza per gli uomini già impegnati. Quando veniva detto che l'uomo nella foto era disponibile, il 59 per cento di loro era interessato a corteggiarlo; e quando veniva detto che era impegnato? Un sorprendente 90 per cento di donne single ha dichiarato che lo avrebbe voluto per sé.

C'è una definizione per questo fenomeno: *mate poaching*, predare il compagno altrui. E sebbene gli autori di questo studio teorizzino che forse gli uomini impegnati sono più attraenti per le single in quanto hanno già dimostrato di essere portati a un serio coinvolgimento, i biologi evoluzionisti dicono una cosa chiara: il *mate poaching* è solo una delle numerose strategie umane, talvolta molto efficace. Basti pensare alle leggendarie *predatrici* hollywoodiane, come Elizabeth Taylor e Angelina Jolie.

Perché c'è una cosa che so per certo, ed è che non puoi trasformare un uomo che non vuole impegnarsi in un uomo che vuole farlo. Questo è importante, quindi lo dirò di nuovo:

non puoi trasformare un uomo che non vuole impegnarsi in un uomo che vuole farlo.

Se gli uomini non disponibili sono il tuo problema, questo potrebbe essere il concetto essenziale da imparare da questo libro. Anche se riesci a trascinare un uomo in un qualche genere di liaison, al massimo lo trasformerai in un bugiardo (vedi il capitolo 5). E, nella peggiore delle ipotesi, lo trasformerai nel tuo punching ball, perché *finirai* con l'accusarlo di non volersi impegnare.

Numero due: *abbi cura di te*. Talvolta un uomo può dare consigli cruciali sull'amore. A me è successo recentemente. Stavo visitando Roma, dove vive un vecchio amico dei tempi del college; non lo vedevo da almeno vent'anni. Siamo andati a pranzo e abbiamo parlato delle nostre vite, incluso l'amore, naturalmente.

Era un po' che si era chiusa la mia ultima relazione e, in effetti, stavo bene. Bene in maniera quasi scioccante. Come un gatto all'ennesima potenza. Ho iniziato a preoccuparmi un po': in fondo, sono io quella che si è sposata tre volte! Le relazioni sono molto importanti per me, e non avevo mai immaginato il giorno in cui non mi sarebbe importato di essere sola. A ogni modo, dopo un pranzo delizioso, una passeggiata attraverso una Roma intricata e affascinante, e una pausa in una gelateria (*sigh*), il mio amico ha detto: « Tracy, sei una donna molto affascinante. Solo, non devi accontentarti ».

Dovrei dire che questo consiglio mi veniva da un ex professore di inglese, che ora fa una delle più eccitanti professioni al mondo – il produttore cinematografico –

in una delle più belle e romantiche città del mondo. Non che mi stessi innamorando di lui, perché prima di tutto vive dall'altra parte del pianeta, inoltre è stato sposato con una mia buona amica. Comunque, questo è il tipo d'uomo al quale daresti retta, se dovesse dirti che sei affascinante e di non accontentarti.

Non accontentarti. Un grande consiglio. Il problema è che queste parole vengono spesso fraintese e si dà loro il significato di cercare, e ottenere, tutto ciò che si è progettato dall'età di dieci anni. Ma non è quello che intendeva il mio amico, ciò che voleva dire è che valgo un impegno serio (e questo lo so) e con qualcuno che mi merita (cosa di cui non sono sempre consapevole). Voleva dire che devo prendermi cura di me stessa, nel medesimo modo in cui mi occuperei di qualcosa cui attribuisco grande valore. È un messaggio che devo prendere sul serio, perché ho sempre la sensazione che se un uomo pare offrirmi qualcosa, sono spesso tentata di accettarla. Altre volte no. Ma in ogni caso, perdo di vista la domanda che conta: questa è la cosa *giusta* per me?

Dritte spirituali che ti aiuteranno a cambiare

C'è un meccanismo spirituale nella vita che consiste nel lasciar andare qualcosa di mediocre per fare posto a qualcosa di migliore. Sì, li abbiamo sentiti tutte quei racconti su una ragazza che sta languendo in una relazione non particolarmente felice, quando una storia d'amore fantastica si palesa e bussa alla sua porta, ma più spesso succede che devi consapevolmente lasciar andare ciò che non vuoi, così da dare un segnale all'universo: sei pronta per ciò che desideri.

E questo mi porta a un'altra cosa che ti devo dire di fare, e che potrebbe non piacerti. Voglio che tu *smetta di riempire i vuoti* della tua vita con uomini che non diventeranno il tuo compagno. Lascia che i vuoti siano vuoti.

Sì, potrà essere doloroso, potresti sentirti annoiata o sola, ma prendere un impegno con te stessa per ottenere una relazione seria preparerà il terreno a un tipo di uomo completamente diverso.

La ragione principale per cui noi donne rimaniamo con uomini che non sposeremo mai dipende dal fatto che siamo sole e vogliamo « sentire » qualcosa (o almeno qualcosa di meglio), adesso. Ma non puoi mettere una nuova auto nel garage quando la vecchia è ancora lì. Forse sei così legata a Mr Non-È-Lui che non puoi neppure *notare* Mr È-Lui (o lui non può vedere te). O forse sei arrivata a un punto in cui è meno difficile avere una relazione che non funziona piuttosto che chiuderla. A ogni modo, devi partire dal presupposto che se era destino che incontrassi il tuo « vero » lui, mentre eri in compagnia di quello « farlocco », sarebbe già successo. A meno che tu non voglia strappare ancora qualche pagina dal calendario, mentre insisti con l'idea che forse... *forse*... potrebbe capitare.

Recentemente partecipavo a una tavola rotonda su amore e relazioni. Tra i relatori c'era anche una donna di trentanove anni che desidera sposarsi. Come accade in queste situazioni, una ragazza di ventisette anni tra il pubblico si è alzata e ha detto: « Senza offesa per la signora non sposata, ma non voglio essere single a trentanove anni ».

Ho fatto notare che poche donne *vogliono* avere trentanove anni ed essere single.

Succede. O meglio, succede quando passi molto tempo con uomini che non sono davvero interessati a te. Quindi se hai una relazione in cui ti senti dire qualcuna delle seguenti frasi:

- Rimango con lui fino a quando non capirà quanto io sia fantastica e s'impegnerà.

- Rimango con lui fino a quando non salterà fuori qualcosa di meglio.
- Rimango con lui fino a quando... (riempi lo spazio).

probabilmente dovresti chiudere questa relazione. Non stai provando un vestito: questa è la tua vita. Ne hai una sola. Falla funzionare!

Quando la mente inizia a dirti che non è giusto che tu debba stare sola, quando chiunque altro là fuori si sta godendo del sesso divertente e le belle sensazioni che l'accompagnano, ricordati che ti stai impegnando con te stessa – con il tuo progetto di vita – così che qualcuno s'impegni con te. Dopotutto, se non credi di valere questo sforzo, perché qualcun altro dovrebbe?

E, nel frattempo, ho un consiglio basilare da darti: sviluppa una relazione sessuale con te stessa, che sia fantastica tanto quanto quella con un uomo. Perché questo è l'altro grande motivo per cui stai con dei tizi che non vogliono impegnarsi, non è così? Vuoi fare sesso. Lo capisco: il sesso è una cosa buona, ma ecco cosa devo dirti su questo punto: *sei fantastica a letto – anche se sei da sola.*

Parliamo di essere da sole. Prima di tutto, posso dirti che puoi di sicuro arrivare a un punto in cui ti senti felice e soddisfatta e *bene* da sola. E quando sei a quel punto, attirerai un tipo di uomo completamente diverso. Ecco il lato negativo dell'essere sole: niente pene. Non sto dicendo che non c'è sesso. Il sesso è ovunque! È un'energia che esiste in ogni luogo. Più importante, è *dentro* di te, quindi voglio che tu lo scopra.

Conosco un sacco di donne che pensano che l'autoerotismo sia una seconda scelta. Questo semplicemente non è vero.

Okay, potrebbe non esserci penetrazione e, se questo è ciò che ti serve, ci sono altre opzioni. So che sembra falso, ma puoi fare l'amore con te stessa. Sul serio. Si tratta di portare a *te stessa* lo spirito dell'eccitazione, del sentirti coinvolta, di essere ogni cosa che vuoi sia un uomo per te. E di portare a *te stessa* tutti i sentimenti che vuoi un uomo scateni in te.

Questo potrà essere molto più difficile di quanto non sembri. Alla fine, sarà un test per la tua autostima. Quanto dipendi da un uomo? Puoi provvedere a te stessa sessualmente? Il sesso è qualcosa che porti in una relazione o qualcosa che prendi? Potresti pensare che fai sesso perché sei arrapata, ma se credi che l'unico « vero » sesso sia quello che fai con un altro, ci sono buone probabilità che sia in funzione un qualche subdolo meccanismo psicologico. Per esempio, vuoi delle conferme. E una donna che ha bisogno di conferme da parte degli uomini, non è da sposare.

Ti consiglio di sviluppare una *relazione* sessuale con te stessa, che significhi per te tanto quanto quella che potresti avere con un uomo. In questo modo, quando un uomo arriverà, parteciperà a una festa già iniziata, non sarà il primo ospite.

Questa è una sfida al modo di pensare di molte donne. Mi dicono che da sole « non è la stessa cosa » che con un uomo. Naturalmente no, ma se il sesso con un partner è la tua unica definizione di sesso, sei costretta a procurarti qualcosa (o in questo caso qualcuno) per sperimentare la tua sessualità. Non solo è falso, ma non funziona.

Quando cominci a vedere te stessa come un essere completo dal punto di vista sessuale, avviene un profondo mutamento, ovvero il passaggio da oggetto sessuale a *soggetto sessuale*. La *tua* esperienza di te stessa diventa più importante di quella che *loro* hanno di te. E quando ciò accade, non vorrai più accontentarti solo per avere vicino un altro corpo caldo, che sia una relazione seria oppure no. Perché, da un punto di vista spirituale, ricorda: tu attrai quello che sei. E quando ti ami a ogni livello, ti stai già comportando come la compagna dell'uomo perfetto per te.

Quello che tua sorella sa, ma non ti dice

Riassumiamo quanto abbiamo imparato nel capitolo 3:

- ***Sei una sgualdrina.*** Fai – o vorresti fare – sesso occasionale con uomini che non si sentono impegnati con te, e anche se ti senti bene, questo non ti aiuta a perseguire l'obiettivo più importante della tua vita: sposarti e avere dei figli.
- ***Il sesso occasionale è una grossa bugia.*** Non solo perché hai degli ormoni che ti legheranno all'uomo con cui fai sesso, ma anche perché il sesso fa fare alle persone cose folli, come sposare un teenager o abdicare al trono.
- ***Gli uomini non si innamorano attraverso il loro pene.*** La maggior parte di loro può fare sesso con te per mille anni, senza che questo produca la sensazione di essere «innamorati», a meno che non abbiano quel sentimento innanzitutto. Per la maggior parte degli uomini dare il via a una relazione a lungo termine è una decisione. Punto.
- ***Smettila di frequentare uomini non disponibili.*** Non farai un passo avanti fino a quando non prenderai questa decisione, perché non cambierai mai un uomo che non vuole impegnarsi in uno che lo vuole fare. Non ci riuscirai.
- ***Lascia che ci siano dei vuoti.*** Invece di riempire la tua mente, la tua vita, il tuo letto con un uomo che non è coinvolto, vivi il sesso dovunque esso sia. Vai a ballare. Fai un corso di yoga kundalini. Tocca il braccio di un uomo. Tutte queste cose ti faranno radicare nella tua sessualità in modo più potente che non fare sesso

con un tizio che non vuole avere una vera relazione con te.

- ***Ama te stessa.*** La relazione sessuale che hai con te stessa è un elemento basilare per ogni altra relazione sessuale. Rendila positiva.

Capitolo 4

Sei pazza

Dentro di te c'è una Courtney Love con cui venire a patti

1. Sei sempre coinvolta in qualche dramma?
2. Hai ferito qualcuno o te stessa, o rotto qualcosa, durante una litigata con un uomo?
3. Ti capita di pagare le conseguenze di cose che hai detto o fatto d'impulso?

ECCO COSA VUOL DIRE ESSERE PAZZA: ti trovi a New York con il tuo nuovo fidanzato. È la prima vacanza insieme. Mentre entri in un ristorante state litigando per una sciocchezza, o almeno qualcosa che *dovrebbe* essere una sciocchezza, ma quando vi sedete al tavolo, il suo cellulare suona – due squilli brevi, che sai indicare un sms e non un'email, perché presti attenzione a queste cose – e lui legge il messaggio. Lo guardi giocherellare col telefono, e c'è questa *sensazione* che ti esplode nel petto. Sai che non dovresti, ma sei ancora arrabbiata per il litigio di prima, quindi decidi di partire lancia in resta. Un momento dopo, eccoti là a porre la domanda che nessuna donna nell'era dello smartphone dovrebbe mai fare: « Chi è? »

Anche lui è nervoso per il litigio, e inoltre questa relazione è appena iniziata e non può lasciarti pensare che puoi controllarlo, quindi ti guarda e dice la parola che nessuna donna, nell'era dello smartphone, vuole sentire: « Nessuno ».

Le parole scritte sul menu sono confuse, e la tua mente sta portando avanti un monologo: *Quest'uomo non mi prende sul serio. Mi sta prendendo in giro. Non rispetterà mai i miei bisogni. Mi sta proprio prendendo in giro. Non dovrei essere coinvolta in questa relazione.* Ancora e ancora. Lo sai che dovresti rimanere distaccata – ma non lo sei. Quando il tuo fidanzato chiede se sei arrabbiata, tu scuoti la testa, perché se dovessi dire qualcosa, sarebbe ovvio che stai dando di matto a proposito dell'sms, e sai che non è una buona cosa.

Persino il battito aumenta, ti si stringe il cuore e hai paura. Quando lui insiste – «Cosa c'è che non va?» – sembra un po' scocciato, e tu ti senti giudicata a tal punto che non puoi resistere un secondo di più, e tutt'a un tratto sei arrivata al livello *Ora basta.* Ti alzi ed esci dal ristorante. *Gliela faccio vedere io.*

Per un momento, ti *piace* l'idea di lui seduto tutto solo, come uno stupido, e speri che si stia sentendo orribilmente di fronte a tutte quelle donne newyorkesi sexy. Ti concentri su quanto fosse sbagliato, da parte sua, sembrare seccato. Ricordi a te stessa che non vuoi una relazione con qualcuno che ti fa sentire in quel modo, anche se tutte le relazioni ti fanno sentire in quel modo.

Ma ora che sei là sul marciapiede e lui sta venendo verso di te, capisci che il tuo piano può avere funzionato, ma solo per trenta secondi. Dall'espressione sul suo volto capisci di aver fatto danni seri, forse irreparabili. Il tuo nuovo uomo – l'uomo che ami e con il quale vuoi stare – ti sta guardando nel modo peggiore in cui può farlo un uomo...

Come se fossi pazza.

Di cosa si tratta

La pazzia riguarda l'*intensità*. Significa essere fuori controllo dal punto di vista emotivo; agire contro il tuo interesse nelle relazioni; alimentare i drammi; essere bisognosa, vulnerabile, gelosa, insicura e/o in un altro stato psicologico che gli uomini non cercano nella madre dei loro figli. Include anche disturbi dell'alimentazione, piangere dopo il sesso, e tutto ciò che puoi facilmente immaginare che faccia Courtney Love.

L'intensità viene quando una relazione normale ti annoia. Cerchi qualcosa più in tema «Sid e Nancy»,* ma senza l'omicidio. Film, televisione e canzoni d'amore insistono sul concetto che intensità è uguale ad amore, ma non è così. È uguale a caos. Pensate a Elizabeth Taylor e Richard Burton in *Chi ha paura di Virginia Woolf?* C'è davvero da chiedere *chi aveva paura*? La risposta è il marito di Virginia, i suoi colleghi, sua madre, e chiunque altro la conoscesse.

La pazzia ha due livelli: alto e basso.

Se sei una pazza di alto livello, lo sai già, perché te l'hanno detto almeno tre persone che non sono neppure tuoi ex. La grande pazzia comporta azioni eclatanti, come la ragazza che so aver gettato un tizzone acceso sul sedile anteriore della nuova auto del suo ex e averla incendiata. Violenza, autolesionismo, vandalismo grave, il distruggere la reputazione di qualcuno (anche se è la tua) ricadono in questa categoria. La grande pazzia non è mai intelligente o emozionante, se sei un pericolo per te stessa o per gli altri.

La pazzia di basso livello è più sottile. Pensa alle cose che hai detto e fatto nelle tue relazioni con gli uomini, e che ti hanno portato a chiederti che diavolo stessi facendo. Come la mia amica Susanna. Aveva visto questo ragazzo molto carino, durante la sua corsa quotidiana intorno a un laghetto. Nei due mesi precedenti erano passati dal contatto visivo a dei «ciao» festosi quando s'incontravano. Mentre il loro flirtare diventava più inten-

* Il riferimento è a Sid Vicious, bassista dei Sex Pistols, e alla groupie Nancy Spungen, alla quale il musicista rimarrà legato per anni. Vicious fu imputato per l'assassinio della donna. (*N.d.T.*)

so, Susanna naturalmente ha iniziato a sperare di passare al livello successivo. Poi, un weekend ha fatto i colpi di sole, ma, *ops*, erano troppo biondi. Tipo il biondo di Gwen Stefani, e per questo – secondo Susanna – sembrava indossasse una parrucca.

Ovviamente, dei colpi di sole un po' più chiari non sono un problema di vita o di morte, ma è così che lavora la mente di Susanna. Adesso non vuole incontrare quel ragazzo sul percorso. Non si tratta di un pensiero assillante, ma è lì: *Non gli piacerò*. Così Susanna cambia percorso, almeno fino a quando i colpi di sole non saranno del colore giusto.

Questa, mia cara, è una pazzia di basso livello.

Il modo più facile per capire se sei pazza è se racconti continuamente lunghe storie complicate su quanto è accaduto lo scorso weekend. Puoi persino avere un gruppo di amici molto speciali (cioè codipendenti) che amano vivere, per interposta persona, i tuoi drammi. Questo è il guaio con l'intensità: provoca dipendenza e ha bisogno di un pubblico.

Ecco perché la prima cosa che devi fare è smettere di parlarne. Le sensazioni che ottieni, raccontando ancora una volta ai tuoi dieci codipendenti preferiti quel che è accaduto, sono forti quasi quanto quelle che hai ricavato la prima volta dal tuo dramma. E i tuoi codipendenti devono comunque tornare a lavorare.

Il fatto che ci siano dei codipendenti, che viaggiano senza pagare il biglietto sul tuo treno della pazzia, mette in rilievo ciò che sta dietro la tua follia romantica, che sia di alto o basso livello. Ed è la *dipendenza*. Se presti attenzione, capisci che la pazzia dipende dalla convinzione di fondo che dipendiamo da ciò che accade con un certo uomo e non staremo bene a meno che le cose non prendano una certa direzione (di solito significa ottenere ciò che vogliamo: quell'uomo in particolare).

L'intensità rappresenta un grosso problema per gli uomini

L'intensità non è la stessa cosa per gli uomini e per le donne. Lo psicologo John Gottman ha compiuto molte ricerche su quel che accade quando uomini e donne interagiscono, che stiano semplicemente parlando o litigando. Gottman ha coniato il termine *flooding*, letteralmente inondazione, per descrivere cosa succede quando l'adrenalina comincia a scorrere e viene innescata la reazione attacca-o-scappa. Il battito accelera, la pressione del sangue sale, i muscoli si tendono e il cuore martella quasi dolorosamente. A essere interessante è il fatto che Gottman ha scoperto che sono gli uomini a essere soggetti all'« inondazione » adrenalinica più spesso e più facilmente delle donne, e quando ciò accade, è impossibile pensare logicamente, agire razionalmente o prestare attenzione a quel che dice la compagna.

Questo spiega la differenza tra uomini e donne nella percezione di ciò che è « negativo »: quel che noi donne consideriamo pressoché innocuo – il Kenny G della lamentela, della critica o della lotta – per un uomo può essere come un concerto dal vivo dei Metallica.

Ecco un altro buon motivo per gestire la tua pazzia, perché gli uomini non scherzano quando dicono che non possono reggerla. È scientificamente provato che non possono.

Nota bene: difficilmente qualcuno crede *consciamente* di volere la tale persona così tanto. Molte di noi dicono a se stesse di stare bene – *bene* – che si mettano con lui o no. Potrebbe non essere vero. Spesso la convinzione che non staremo bene senza di lui striscia – come la pazzia – sotto il livello della consapevolezza.

Se dai un taglio a questo atteggiamento, però, puoi riconoscerlo abbastanza chiaramente. Perché dovresti messaggiare un tizio diciannove volte, quando lui non ha risposto ai primi tre sms? *Perché non stai bene fino a quando non ti risponde.* Perché dovresti vandalizzare le sue proprietà, dopo che ti ha lasciato? *Perché ti ha portato via qualcosa senza il quale non vuoi vivere: lui.* Perché dovresti partorire fantasie su un uomo con cui è finita mesi o anni fa? *Perché in fondo non sei sicura che troverai mai qualcuno di meglio.*

Diventa un circolo virtuoso: ridurre la pazzia allenta la dipendenza, e quando perdi la dipendenza si alleggerisce l'intensità. E quando l'intensità è andata, potresti trovare qualcosa che non ti saresti mai aspettata: *la calma.* Cosa che potrebbe disturbarti. Perché quando le cose diventano tranquille, in una relazione che è stata molto intensa, è difficile. Nessuno dei due partner sa cosa fare con tutta quella pace! Improvvisamente c'è tanto tempo per *relazionarsi*... tu e il tuo fidanzato vi sentite così vicini! E magari non ti piace nemmeno. Accade quando scopri ciò che l'intensità ha fatto per te: assicurarsi che le tue relazioni non diventino mai troppo intime.

Appunti sulla mia vita come fidanzata gelosa e spaventata

Io l'ho capito – e per capito intendo che un fidanzato me l'ha gridato durante una litigata, facendomi un favore – dopo circa cinque mesi di una nuova relazione. Ero impegnata nella mia solita routine da donna gelosa e spaventata (perché ero così, diciamo agli inizi degli anni 2000... okay, forse era il 2010 o 2011), in cui io esprimo ogni tipo di «intuizione» a proposito del fatto che il mio fidanzato sta per lasciarmi, se non ora, entro i prossimi vent'anni.

La risposta a quella paura è diventare Sherlock Holmes e investigare sul mio compagno. Non che frughi nel suo telefono o nelle sue email (voglio dire, non senza probabili e serie motivazioni). Sono più insidiosa di così. Indago nella sua psicologia, cercando indizi del suo comportamento nelle passate relazioni, nell'infanzia, nella relazione con la madre; interpreto quegli indizi, e poi presento la «prova» che lui finirà certamente con l'abbandonarmi, e qualche volta sembra proprio una critica. Naturalmente, i fidanzati non apprezzano questo tipo di cose. Mi dicono che sono pazza, e fanno un passo indietro. E ciò dimostra che avevo ragione.

Negli anni, ho messo sempre in atto questo delizioso circolo vizioso dal momento in cui iniziavo a innamorarmi di un uomo fino al momento in cui la relazione diventava più stabile (per esempio, mentre tagliavamo la torta nuziale). Ma quel fidanzato in particolare era molto perspicace e un giorno, nel bel mezzo di una grossa litigata, mi ha detto: «Non vedi quello che stai facendo, Tracy? Mi stai allontanando». E poi con il tono di voce sono-furibondo-quindi-non-intendo-continuare-così ha detto: «*Piantala*».

Per qualche ragione, forse per la mia età non più verde, ho improvvisamente *capito*. Si è accesa la lampadina, e ho compreso di aver passato tutta la vita litigando con gli uomini perché era un modo per tenerli lontani. Perché quando un uomo mi sta vicino, questo mi piace, e quando mi piace, ho paura che me lo porteranno via, quindi lo allontano prima ancora che mi possa abbandonare lui, e questo porta proprio alla conseguenza che temevo, ma almeno ho il «controllo», giusto?

Mmm, *giusto*. Il che è, in una parola, folle.

Quel che bisogna sapere sugli uomini

Pochi hanno gestito la situazione come quel fidanzato in particolare. Perché niente spaventa gli uomini quanto la tua pazzia. Li fa sentire scoraggiati e strani, e questo quando dài di matto solo ogni tanto, se poi accade regolarmente, si sentono vittimizzati, spaventati e arrabbiati. L'unico uomo che possa desiderare una relazione a lungo termine con una donna che lo fa sentire così, è uno la cui madre è pazza. E, Dio lo benedica, ha già abbastanza carne al fuoco per conto suo. Inoltre, non abbiamo proprio bisogno di altri uomini con problemi di relazione, vittimizzati, spaventati o arrabbiati in giro. Non è un bene per loro e non è un bene per noi. Non è un bene per il mondo.

La ragione per cui agli uomini non piace vedere la nostra follia è perché, intuitivamente, sanno che si tratta di un segno di dipendenza. Significa che hai messo troppa enfasi su quel particolare uomo, quella particolare situazione, e su come si evolve. E questo li spaventa. Io immagino la dipendenza come una persona appoggiata a qualcosa, come un tavolo. Se il tavolo improvvisamente si sposta, che succede? Cadi. Nessun uomo sano vuole che tu coltivi quel genere di dipendenza da lui. Ha la sensazione che tu possa fare qualcosa di drastico, se ti lascia o se solo fa una qualsiasi cosa che le ragazze odiano, come partecipare a un addio al celibato oppure prendere un caffè con la propria ex.

Quando arrivano ai trent'anni, molti uomini hanno avuto almeno un'esperienza con una fidanzata pazza, e quindi sono più abili a riconoscere quest'aspetto di te di quanto non potresti fare tu stessa. Solo sappi che, se hai avuto molti uomini che ti hanno definita pazza o ti hanno detto che sei troppo intensa, stanno parlando di questo.

Il mio amico Tommy ha recentemente chiuso una situazione simile. Alla fine degli anni Novanta, è uscito per poco tempo con una intelligente, irresistibile attrice australiana di nome Jane. Hanno avuto una storia d'amore travolgente, che è finita di punto in bianco perché Tommy aveva solo trent'anni, e si trovava lontano almeno un decennio dall'*idea* di metter su famiglia (a Los Angeles e New York, gli uomini di solito hanno un ritardo di almeno sette anni sulla loro età anagrafica). Jane era distrutta, ma alla fine se ne fece una ragione.

Arriviamo al 2011: Tommy e Jane si rimettono insieme. Ora che sono sulla quarantina, la storia non è meno appassionata e travolgente, in effetti forse lo è anche di più. Dormono insieme fin dalla prima notte, e per due mesi tutto procede bene e speditamente. Ma più a fondo va la loro relazione, più pazza diventa Jane. Inizia a diventare molto emotiva dopo il sesso, bombarda Tommy con le sue paure. Ricorda che l'ha lasciata una prima volta ed è terrorizzata all'idea che possa accadere di nuovo.

Man mano che passa il tempo, prevedibilmente, Tommy comincia a prendere le distanze... cosa che, altrettanto prevedibilmente, fa crescere ancora di più le paure di Jane. Quello che Jane avrebbe dovuto fare era riportare la relazione con Tommy a un livello facilmente gestibile, ma sta impazzendo, quindi invece di lasciare andare un po' di più, lei *si aggrappa* un po' di più. Oh oh. Ben presto è così emotivamente sovraccarica che quando Tommy non la chiama il giorno dopo che avevano litigato un'altra volta, Jane si presenta a casa sua, una domenica, e dà fuori di matto, mentre lui si sta facendo i fatti suoi, sistemando il carburatore.

In breve, Jane ha ricreato esattamente lo scenario che la spaventava. Perché? Perché la sua relazione era diventata più profonda di quanto non fosse in grado *di gestire dal punto di vista emotivo*.

Diciamo che fare sesso con un uomo richiede un certo prelievo dai fondi del tuo conto corrente emotivo. Jane stava spendendo con Tommy più di quanto potesse sopportare emotivamente. Quando ti accorgi che è ciò che sta accadendo, devi fare un passo indietro. Invece, Jane si è rivolta a Tommy per essere rassicurata, per «colmare la differenza» tra quanto profondamente si sentiva coinvolta nella relazione e l'entità del deposito che era sul suo conto corrente emotivo. Cosa è successo? Lo puoi indovinare: Tommy, sentendosi sopraffatto dal bisogno di Jane e dalla pazzia che questo aveva originato, ha dato di nuovo un taglio netto alla relazione. Una reazione molto prevedibile per un uomo.

Perché la mia amica Lauren non è sposata

La mia amica Lauren ha un'altra qualità che gli uomini *non* amano: è forse la ragazza più impulsiva del pianeta. In effetti, possiede quella specialissima combinazione fra scarsa autostima e impulsività che le fa distruggere qualsiasi relazione, e usa il cellulare come un'arma semiautomatica.

Per esempio, l'ultima relazione di Lauren è finita dopo che ha inviato *diciannove* sms durante un'insana notte in bianco, conclusa con una telefonata alle 6.40 in cui diceva, alla segreteria telefonica dell'uomo con cui stava, che era *finita.* Alle tre del pomeriggio lo rivoleva indietro, ma lui – saggiamente – non ha risposto al telefono. A peggiorare la situazione, lavorano insieme, così ogni tanto lo incontra in ascensore. Dire che le cose sono imbarazzanti è un eufemismo più che pallido.

Scrivere sms ed email al vetriolo, emotivi o intensi, è come giocare alla roulette russa, eccetto per il fatto che la pistola è caricata di tutti i proiettili tranne uno. C'è una minima possibilità che l'impulso a dire quel che senti, proprio in questo preciso istante, avrà un effetto positivo sulla tua relazione, ma è una possibilità così ridotta che il gioco non vale la candela.

Ho detto a Lauren che se proprio deve assolutamente scrivere email o sms furibondi, faccia pure ma (1) aspetti almeno ventiquattr'ore prima di spedire qualcosa, (2) si trovi un'amica fidata che controlli tutte le sue email *prima* di spedirle al mittente e, più importante, (3) *non* inserisca il nome del destinatario nell'email fino a *quando* non ha fatto leggere il messaggio a qualcuno di imparziale, per non rischiare di spedirla «accidentalmente».

Come fai a sapere se va bene comunicare qualcosa a qualcuno? Be', io ho un metodo infallibile: *se hai l'urgenza di fare qualcosa, non farlo.* Di solito, l'urgenza indica che hai temporaneamente perso la testa. E più forte è l'urgenza, più tempo ti servirà per recuperare l'equilibrio. L'urgenza ti comunica che stai affrontando un sentimento o un pensiero su una base emotiva. E se stai esaminando una situazione attraverso le tue emozioni, non la stai valutando obiettivamente. Devi lasciare che l'intensità cali, e tornare ad analizzare i fatti quando i colori sono meno squillanti e più tenui. Lo ripeto: se devi parlarne, chiama un'amica. Nove volte su dieci, dopo circa venti minuti, l'urgenza sarà probabilmente passata.

Per il collega di Lauren è troppo tardi, ma lei può salvare le sue future relazioni *se* prende queste precauzioni *e* le combina con un lavoro più profondo che spiego nel prossimo paragrafo.

Come devi cambiare

Devi *chiedere aiuto.* Ovviamente io non sono una terapeuta, ma ho speso migliaia di dollari con uno di loro (o forse erano sei). Ho anche letto almeno settanta libri, sperando di scoprire i misteri delle mie disfunzioni, e sono felice di dire che ha funzionato! Ora so che molte delle stronzate folli che ho fatto, nel corso delle mie storie, dipendono dalla mia infanzia: che intuizione!

Anche tu puoi avere la quasi certezza che la tua follia sia legata all'infanzia. Se la pazzia tiene lontani i mariti, la domanda che ti devi porre riguarda il suo livello: è alto o basso?

Se hai fatto grandi pazzie più di una volta, nel recente passato (diciamo, negli ultimi tre anni), hai solo una possibilità: chiedere un aiuto importante. Devi andare in terapia immediatamente e cominciare ad affrontare il trauma infantile che sicuramente è all'origine delle tue azioni. La parte della tua mente che dice che non sei *davvero* così nei guai, ti sta mentendo. Questo non ti rende una persona cattiva, significa però che, non appena ti troverai coinvolta in una relazione che ti stuzzica in un certo modo, tutti quei sentimenti – e con essi il tuo comportamento folle – torneranno fuori con violenza, come una candida che hai curato solo due giorni.

Se pensi di non poter andare in terapia per un problema di soldi, non è vero. Quasi ogni contea in America ha centri di servizi di salute mentale, disponibili a costi contenuti. E molti terapeuti dedicano parte del loro tempo a chi non può pagare l'intera tariffa. Se la tua motivazione è abbastanza forte, lo troverai. Fai finta di perseguitare su Facebook la fidanzata del tuo ultimo ex.

Se le tue pazzie sono piccole, devi risolvere i problemi che vengono dalla tua infanzia prima di creare una relazione sana, ma forse si tratta più di un barbecue che di un incendio devastante.

Inizia affrontando la dipendenza senza la quale la pazzia non esisterebbe. C'è di più nella vita che un uomo... che sia un uomo qualsiasi o quello di cui sei perdutamente innamorata. Sono certa che lo sai, ma talvolta, quando sei davvero giù, quello che pensi o di cui parli durante il giorno sembra sospettosamente uguale a quello che credi, e cioè che la tua esistenza non inizierà fino a quando non avrai incontrato il compagno della vita. Questo non è vero.

Hai sentito milioni di volte che devi essere una persona brillante, interessante e affascinante per attrarre l'uomo ideale. Io ti suggerisco di voler essere una persona brillante, interessante e affascinante così da non annoiarti a morte per aver reso gli uomini troppo importanti nella tua vita. Perché non appena avrai avuto quell'uomo e sarà stato con te per un po', ti renderai conto che non è quello che ti aspettavi – nessun uomo lo è! – e devi avere qualcos'altro di cui occuparti.

La soluzione, come uno dei miei terapeuti più saggi aveva l'abitudine di dire, è «Torna a casa, Tracy» (sostituisci il mio nome col tuo). All'inizio mi era sembrato scadente e patetico. Cosa diavolo significa «Torna a casa, Tracy»? Così mi sono seduta un minuto e mi sono immaginata varcare la soglia della mia casa, non quella in cui vivevo a quel tempo, ma la casa che avevo visto sul numero di *Architectural Digest* dedicato a Jennifer Aniston. Ho immaginato di tornare in un edificio lussuoso anni Cinquanta, con una luce perfetta e una piscina luccicante. Ho immaginato come avrei potuto essere felice in un posto così. Cosa avrei fatto?

E allora ho capito che, dopo la terapia (e tutto ciò che comporta), ciò di cui hai bisogno sono degli *hobby*. Parecchi. Gli hobby possono sembrare un argomento troppo banale perché valga la pena discuterne in un libro sulle relazioni, ma non è così. Perché gli hobby sono il tuo specchio. Sono sostenuti dalla passione. Chi sei tu? Cosa ti rende quello che sei? Come passi il tempo con te stessa e costruendo una relazione con te stessa? I tuoi hobby sono un tempo speciale che passi con te. Come il programma Big Sister/Little Sister,* solo che

* *Big Brothers Big Sisters of America* è un'organizzazione non profit, che aiuta i bambini a esprimere il proprio potenziale grazie all'influenza di professionisti affermati, creando una relazione personale tra loro. (*N.d.T.*)

in questo caso tu sei, allo stesso tempo, la donna in carriera *e* la ragazza svantaggiata, con gli occhi grandi e i codini.

Quindi pensa a ciò che *ami* (oltre a lui). E inizia a farlo. Così, quando non chiama o decide di non avere una storia seria con te, o capisce che preferisce mettersi a caccia di una donna irraggiungibile, invece di stare con quella che ha di fronte, puoi tornare a *te stessa*. Grazie alle attività che ami, perché ci si può amare anche *agendo*, oltre che da un punto di vista emotivo.

Per me è scrivere, fare giardinaggio, lavorare a maglia, ascoltare musica, leggere e andare al cinema. È anche parlare con gli amici, fare una passeggiata, cucinare qualcosa di buono, fare piccole riparazioni in casa, visitare un museo, guardare una bella trasmissione in TV, e bere una meravigliosa tazza di tè. Pensa a cosa facevi da bambina o adolescente, quando eri così annoiata da non poterne più. Quali erano le tue attività preferite? Per me erano un libro o una rivista nuovi di zecca: potevo sedermi e fuggire, in maniera positiva, verso un altro mondo. E, nel frattempo, imparavo qualcosa.

Non dimenticherò mai il momento in cui ho capito quanto fossi migliorata. Avevo litigato con un fidanzato e lui se n'era andato stizzito. Invece di entrare nel panico e chiamarlo ripetutamente o corrergli dietro, mi sono limitata a sedermi e dire a me stessa: *Be', va bene. Ora dedicherò un po' di tempo al saggio che stavo scrivendo.* Non ho perso un minuto di sonno quella notte. E quando mi sono svegliata al mattino, lui era alla mia porta con un bigliettino, caffè e dolcetto.

Insomma, era tornato a casa da Tracy.

Dritte spirituali che ti aiuteranno a cambiare

Da un punto di vista spirituale la tua pazzia affonda le sue radici nei tuoi traumi... che siano dell'infanzia o delle tue passate relazioni. Si trovano là dove pensi che nessuno ti sosterrà; dove hai paura che, se non agirai in prima persona, *nessun altro lo farà;* dove conservi o metabolizzi il tuo dolore per le sofferenze e i dispiaceri della vita. La buona notizia è che affrontare la tua pazzia ti libererà in ogni aspetto della tua esistenza.

L'antidoto alla pazzia è avere la consapevolezza che puoi *scegliere*. Come ho detto prima, quando sei intensa, dipendente e fuori controllo, è come se facessi le bizze, come se fossi tornata a uno stadio infantile. Si dice che i bambini che crescono in famiglie disfunzionali non hanno potere e lo sanno, mentre gli adulti che vivono in famiglie disfunzionali hanno potere, ma non lo sanno. Lasciar andare la pazzia si può quando capisci che hai potere: serve solo che tu lo eserciti in modo che funzioni *a tuo favore*, non contro di te.

Le scelte ti aiutano a dare forma alla tua vita. Come abbiamo detto nel capitolo 1, le cose che dici a te stessa hanno un grande effetto su come ti rapporti agli uomini e alle relazioni. Alla base di tutte le pazzie che fai c'è una storia in cui ricopri il ruolo di vittima. E chi vorrebbe sposare una vittima?

C'è un termine specifico che indica l'azione di sopravvivere ai momenti in cui la pazzia si fa sentire: è *autoconsolazione*. Probabilmente non c'è capacità psicologica o comportamento più importante di questo per avere un'ottima relazione di coppia. L'autoconsolazione è quando ti prendi gentilmente per mano e con tranquillità ti accompagni fuori dal grande magazzino della vita, sul cui pavimento stavi a tirare calci e gridare. È quando sai fare dieci respiri profondi prima di quella telefonata o di seguire qualsiasi altro impulso. È ogni volta che devi dirti che tutto andrà bene, e ti sforzi di trovare qualche motivo verosimile per crederci (« Perché l'ha detto Oprah? » Certo, se funziona).

Qualche volta, per me, l'autoconsolazione è semplice

come lasciar ticchettare l'orologio sino alla fine di una brutta giornata, arrivare alle 23, così posso andare a letto a dormire, sapendo che quando mi sveglierò sarà un altro giorno e potrò ricominciare.

In effetti, tutta la faccenda dell'autoconsolazione riguarda l'*avere il controllo sulla propria mente*. Un nuovo modo di pensare è qualcosa che va conquistato con costanza, più che messo da parte per essere utilizzato solo quando serve.

Ecco tre rilevanti ambiti in cui vedo molte donne bloccarsi:

1. *L'uomo della tua vita non ti lascerà mai.* Devi abbracciare un concetto ostico come « niente accade per caso nella tua vita sentimentale ». Se un uomo se ne va, *non importa quali siano i dettagli della storia*, è solo per una ragione: *perché non è il tuo compagno per la vita.* Anche se dice qualche cattiveria sul fatto che le tue sopracciglia sono troppo folte o che non gli piace come canti. Tu puoi scegliere. Quindi sceglierai di *sapere* che il suo problema con le tue sopracciglia folte in realtà è il modo che ha l'universo per portarlo fuori dal tuo letto, così che l'uomo giusto per te possa entrarci. Saperlo ti aiuterà a superare la cosa più velocemente, senza finire incastrata in una lunga sequela di *Povera me*. Invece di cercar di capire perché non ha funzionato, tutte le volte che il pensiero di lui si affaccia alla tua mente, puoi dirti: « Decisamente non era quello giusto », perché se lo fosse stato, sarebbe lì con te.
2. *Avrai una vita meravigliosa, qualsiasi cosa accada.* È molto importante che tu *scelga* di credere che vivi in un mondo in cui inevitabilmente avrai una vita meravigliosa. È una tua responsabilità! Non puoi aspettarti che, sedendoti a coltivare pensieri vittimistici, una grande relazione amorosa si presenterà e t'implorerà di farla entrare. Se il tuo cuore è determinato ad ar-

rivare al matrimonio, allora ti sposerai. Non perché «otterrai» un matrimonio, ma perché *sceglierai* di trovarti in un luogo in cui ciò può accadere. Questo significa che ti devi preparare, devi essere una moglie prima di trovare marito. E, se sei pazza, non sei ancora una moglie.

3. *Mantieni la posizione.* Sai come succede a yoga, quando l'insegnante ti chiede di mantenere la posizione, e all'inizio pensi: «Incredibile, mi riesce!» e dopo quarantacinque secondi stai dando di matto, chiedendoti quando *finirà*? Così funziona il processo di fare scelte.

Ogni volta che scegli di sapere – e devi *saperlo*, non sperarlo – che il tuo magnifico uomo ti troverà, *non importa quanto difficile possa sembrare in questo momento*, ti avvicinerai al tuo matrimonio (im)perfetto. Potrebbe non succedere il primo mese, e neppure il settimo. Ma *succederà*, se continui a scegliere ciò che *vuoi* invece di ciò che *non vuoi*. Non è facile.

Comunque, quando fai questa scelta, ancora e ancora – prima per un giorno, poi per un altro, poi per una settimana, poi per un mese, fino a quando non ti verrà naturale – scoprirai ben presto che hai riguadagnato molto potere su come la tua mente si muove in un panorama emotivo, specialmente quando si tratta di relazioni. Ben presto ti accorgerai che ti senti diversa, e subito dopo la tua vita inizierà a palesarsi in modi continuamente nuovi ed eccitanti.

Quello che la tua collega sa, ma non ti ha detto

Riassumiamo ciò di cui abbiamo parlato nel capitolo 4:

- ***Sei pazza.*** Ti nutri di intensità e hai bisogno di essere emotivamente fuori controllo, e questo non è quel che cercano molti uomini in una compagna di vita.

- ***Le pazze spaventano gli uomini.*** Si sentono vittimizzati e spaventati, a meno che le loro madri non siano pazze a loro volta, e in questo caso hanno abbastanza problemi per non doverne aggiungere di nuovi.
- ***Chiedi aiuto.*** I problemi dell'infanzia sono come un'incrostazione che si attacca all'interno del coperchio di un barattolo: se ce n'è troppa, non riuscirai ad aprirlo. La terapia ti aiuta a fare pulizia.
- ***Trovati qualche hobby.*** Entra in un gruppo musicale, inizia a fare pattinaggio su ghiaccio. Gli hobby ti aiutano a costruire una relazione con te stessa, cosa che fa calare di una tacca la tua dipendenza dalla relazione con un uomo. Ed è la tua dipendenza da un uomo che ti fa comportare come una pazza.

Capitolo 5

Sei egoista

Il matrimonio è dare, non prendere

1. L'idea che hai del matrimonio riguarda soprattutto la casa, un bambino e la sicurezza economica?
2. Sei il tipo di donna che cambia spesso lavoro, uomini, amici e case?
3. Pensi a una relazione come all'opportunità di essere utile a qualcun altro?

SE SEI SINGLE, PROBABILMENTE pensi molto a te stessa. Pensi alle tue cosce, ai tuoi vestiti, alle tue rughe d'espressione. Pensi alla carriera o, se non ne hai una, vuoi diventare un'insegnante di yoga. Qualche volta immagini di sposare un uomo benestante – o almeno con un lavoro davvero buono – che risolva tutti i tuoi problemi. Conosci il detto: è il tuo mondo, gli altri si limitano a viverci? Ecco come ti senti!

Talvolta ti chiedi segretamente persino se hai bisogno di un marito. Forse te la cavi bene per conto tuo. Insomma, chi vuole davvero avere a che fare con un'altra persona? A dirla tutta, gli altri rompono. Sono tra i piedi quando vuoi mangiare cereali per cena o metterti la crema depilatoria nel bel mezzo del pomeriggio di domenica. Stanno sempre distesi sul divano a guardare alla tele qualcosa che non ti piace, mangiando qualcosa che ha un odore disgustoso, a meno che non sia tu a mangiarla. Devi pulire quello che sporcano. Magari se potessi avere un marito che vive nella casa affianco – anzi, forse un isolato o due più in là – sarebbe perfetto. Ci sarebbe e non ci sarebbe. Così suona bene, vero? Sii onesta. Suona bene, giusto? Voglio dire, se sei americana, sei nata sentendoti più o meno così, perché *noi viviamo nel Paese più egoista del mondo.* Questo è un Paese costruito sull'individualismo e sulla ricerca della felicità.

Siamo così individualisti e così felici che abbiamo circa il 46 per cento delle famiglie formate da una persona sola. Ci sono qualcosa come 52 milioni di single, nessuno dei quali condivide il *car-pooling* della vita. E al momento tu sei una di loro, ma ultimamente stai pensando che potresti essere pronta a lasciarti tutto questo alle spalle. E puoi, non appena avrai smesso di essere così concentrata su te stessa.

Di cosa si tratta

L'egoismo è esattamente quel che sembra: è quando ti avvicini agli uomini (per la verità al mondo, ma è un libro sulle relazioni, quindi concentriamoci su questo) pensando solo a *te stessa*: come ti fanno sentire, come ti fanno apparire, cosa portano nella tua vita e cosa no. Potresti dire: « Be', ma va'? C'è un altro modo per pensare agli uomini? » Credici o no, c'è, ma ci arriveremo.

L'egoismo fa agire le persone come bambini, che vogliono quello che vogliono quando lo chiedono. I bambini sono egocentrici, credono che il mondo giri intorno a loro e non riescono capire in che modo le loro azioni si ripercuotano sugli altri. O possono capirlo, ma non lo percepiscono emotivamente, o non gli importa. Ecco perché l'egoismo rende impossibili le relazioni, perché non puoi metterti insieme a un bambino, puoi solo prendertene cura.

Però se sei egoista, ti *piace* che ci si prenda cura di te. Infatti, sei abbastanza sicura che qualcuno dovrebbe portarti un cappuccino proprio in questo istante. Dopotutto, te lo meriti. Se ti stai chiedendo come sia un'egoista, pensa a una qualche diva capricciosa (più o meno qualsiasi celebrità andrà bene). Se chiedi a qualcuno di fare qualcosa per te senza neppure darti la pena di guardarlo negli occhi, probabilmente sei un'egoista. Se pretendi che ti si dia del Lei – anche se sei un'invisibile «Lei» – probabilmente sei egoista. Se hai la sensazione che saresti grande in un reality show, sei assolutamente, sicuramente, quasi certamente un'egoista. Un'altra ragione per cui gli egoisti sono coniugi di poca qualità è perché non sanno fare squadra. Molte delle loro azioni sono indirizzate a ottenere ciò che vogliono, mantenere quel che hanno o liberarsi di ciò che non vogliono (per esempio amici, lavoro, appartamenti e, è triste dirlo, persone). Come puoi immaginare, non è divertente per i loro partner, perché quando un'egoista non ha più bisogno di te, sei fuori. Gli uomini che ci sono già passati lo sanno; quasi tutti, almeno una volta, hanno frequentato sentimentalmente una donna egoista e si sono scottati. Da quel momento in poi, gli uomini possono anche tollerare un'egoista (e con tollerare intendo portarsela a letto), se pensano che non staranno insieme per sempre, ma ovviamente diffidano dell'idea di sposare una donna così, non solo perché gli egoisti sono quasi impossibili da rendere felici – e gli uomini non vogliono vivere con qualcuno che non può essere felice – ma anche per un'altra ragione di fondo: perché una persona egoista è un cattivo genitore.

Per questo motivo, l'egoismo interferirà molto più con la tua vita di coppia che con il periodo del corteggiamento. Una ragazza egoista può facilmente trovare un uomo che stia con lei per un po', ma lui non approfondirà la relazione.

Ecco una breve lista dei modi in cui potresti essere egoista senza neppure accorgertene:

1. *Sei rigida.* Nei tempi andati si diceva: «Avere le proprie abitudini». Si usava pensare che fosse ciò che impediva alle vecchie zitelle (di trentasei anni) di trovarsi un uomo. Ed era vero. Se hai bisogno che ogni piccola cosa sia proprio come piace a te, devi sapere che non sono molti gli uomini che lo troveranno seducente. Non cambia nulla se i cuscini sul divano sono fuori posto e se la tavoletta è alzata. Vai oltre.
2. *Sei guidata dal tuo ego e/o sei materialista.* Se ciò che t'interessa soprattutto di un uomo è se ti farà fare bella figura, se ti farà dei regali o se pagherà il tuo prestito studentesco, stai pensando troppo a te stessa. Non puoi aspettarti che un altro faccia qualcosa per te, se sei – almeno tecnicamente – capace di cavartela da sola. Che è un altro modo per dire: cercati un lavoro.
3. *Sei bisognosa.* Nessuno pensa di essere bisognoso, semplicemente si crede di desiderare «qualcosa di più», e questo vale per qualsiasi cosa si voglia, e da chiunque la si voglia. Se sei bisognosa, sei convinta di dover essere tu a ricevere nella maggior parte delle transazioni. È, come minimo, un'aspettativa irrealistica in un matrimonio. Se ti stai chiedendo se sei bisognosa, presta attenzione alle tue prossime cinque telefonate. Se a chiuderle più della metà delle volte è il tuo interlocutore, la risposta temo sia sì.
4. *Non sei capace di consolarti da sola.* Quando non ottieni ciò che vuoi non sai come calmarti, quindi vai a fare shopping o bevi o mangi, e quando tutto questo fallisce, sfoghi la tua frustrazione su chi sta intorno a te. Se hai un uomo nella tua vita, ti aspetti che ne parli con te fino a quando non ti sentirai meglio, anche se dovessero servire tre o quattro ore. E «ne parli con

te» significa che deve sedersi ad ascoltarti. Nota bene: se non sei capace di consolarti da sola, lo saprai perché hai la sensazione che tutti pensino che tu sia davvero speciale, anche se nessuno ti dice perché. In realtà, li spaventi molto.

5. *Ti vuoi sempre sedere nel posto vicino al finestrino (o lato corridoio, o dove si vede la porta).* Questo è così ovvio che non ci sarebbe bisogno di parlarne, eccetto che a una persona egoista. Nessuno può fare ogni volta come gli pare, lo sai, vero? Ma resterai sorpresa, perché ci sono un sacco di ragazze là fuori che pensano veramente che il compito di un uomo sia assorbire il loro malessere. Sì, c'è una lunga storia di cavalleria basata su quest'idea, ma nella realtà non è leale. E non è da adulti. A un certo punto comincia a sembrare una dinamica padre-figlia e, se ci pensi, è strano, quindi, se ti stai comportando così, smettila.

Se qualcosa di ciò che ho detto ti sta infastidendo, probabilmente hai bisogno di approfondire la questione, prima di proseguire. Però ci sono buone probabilità che, se sei mai stata in una relazione a lungo termine, qualcuno te l'abbia già fatto notare. Hai solo bisogno di sapere che l'egoismo è un passeggero clandestino: si nasconde in così tanti atteggiamenti e comportamenti che devi cercarlo con attenzione.

Perché Jenny non è sposata

Prendi la mia amica Jenny: il suo egoismo salta fuori nei *giudizi.* Jenny ha trentanove anni (ma ne dimostra trentuno), è molto carina, dolce e desiderosa di avere un bambino, ma ha un egocentrismo fuori controllo. Non so dirti quante volte le ho sentito esclamare con tono impaziente: «Non so se *voglio* stare con una persona che... (riempi lo spazio)». Vorrei dirle: «Ma *chiunque* riempie quello spazio con *qualcosa* di sé. Persino tu! » Crede di poter essere lasciata per quel *qualcosa* o di lasciare qualcuno per lo stesso motivo? Mi auguro di no.

L'egoismo di Jenny si manifesta nel suo essere *poco realistica*. Molto spesso è arrabbiata con qualcuno che non fa quello che vorrebbe lei; non capisce che gli altri non si comportano come lei desidera perché *sono persone*, coi propri problemi, ai quali reagiscono e ai quali si rapportano. Lei, invece, sembra pensare che dovrebbero reagire e rapportarsi ai suoi. Evidentemente, nella sua mente non si tratta di esseri umani autonomi, ma di comparse nel film di cui lei è protagonista. Questo livello di egoismo le rende difficile tenere in piedi una relazione.

Prendiamo, per esempio, il tizio con cui è uscita l'anno scorso. Sono stati insieme tre o quattro mesi, e lei gli piaceva davvero. Quest'uomo, Doug, era divorziato e aveva un bambino, ma non escludeva di averne altri. Non era perfetto, ma guadagnava bene, era proprietario della casa in cui abitava e aveva un bell'aspetto. La loro storia non era scoppiettante, il che vuol dire che niente andava male, cosa che può rappresentare un buon inizio. Conversavano piacevolmente e avevano una buona intesa sessuale, e lui desiderava rendere le cose più serie. Ma Jenny non riusciva a smettere di criticare Doug: a lei non piaceva *abbastanza* come si vestiva, parlava, arredava la sua casa o faceva soldi.

Ora, di solito a una ragazza direi di prestare attenzione alle sue sensazioni, perché il corpo può essere un grande barometro di ciò che davvero sta succedendo in una relazione (per esempio, se il tuo corpo dice che un uomo ti sta imbrogliando, è probabile che sia così). Ma in questo caso niente indicava a Jenny un vero problema. Dopo diversi mesi di esitazione, alla fine lo ha lasciato. Ora è passato un anno. Poco tempo fa parlavamo di uomini e mentre Jenny ricordava la relazione con

Doug ed elencava le ragioni per cui era finita, ha esclamato: « Insomma, si mangiava le unghie! » È stato come se un campanello d'allarme scattasse nella mia testa: *ecco perché non è sposata.*

Questo è il punto: puoi lasciare un uomo per molti motivi, *ma non perché si mangia le unghie.* Quasi certamente ci sono molte ragioni, oltre al fatto che lui si mangi le unghie, che hanno indotto Jenny a prendere questa decisione, ma anche solo il fatto che lei lo menzioni è indicativo di una critica senza pietà nei confronti degli uomini talemente autocentrata da essere scioccante. È meschino, e quando lasci gli uomini per motivi meschini, finirai da sola, perché non importa con quale uomo tu stia, troverai comunque qualcosa in lui che non va. Puoi starne certa.

Appunti sulla mia vita come madre di un giovane uomo

Con l'egoismo io ho avuto un piacevole *affaire*. È durato circa dieci anni, più o meno dalla fine della mia disgraziata infanzia fino a quando, trentenne, vivevo a New York e non riuscivo a trovare un fidanzato. Cosa che mi ha obbligato a guardare profondamente in me stessa.

Fino a quel periodo di secca (ok, è stato più precisamente un periodone), ho avuto una lunga serie dolorosa di uomini che hanno invariabilmente chiuso con me. Allora pensavo che fosse figo comportarsi male (lo pensavo seriamente), ma se mi guardo indietro, capisco che quegli uomini avevano la pazienza di Madre Teresa. O forse era la codipendenza di Madre Teresa. In entrambi i casi, con me come loro fidanzata (o moglie) erano dalla parte del « dare » nel processo del dare-e-avere.

In nessun altro ambito della mia vita l'egoismo veniva a galla tanto quanto nei miei rapporti con gli uomini. Agivo come se gli uomini esistessero solo per rispondere ai miei bisogni. Volevo un uomo che mi desse tempo, attenzione, sesso, dialogo, tempo, attenzione, sesso, dialogo, e via così, in quest'ordine. Non volevo davvero un fidanzato; volevo un ostaggio, che mi tenesse anche l'ombrello. E non lo sapevo nemmeno. Se me lo avessi chiesto, ti avrei detto quale fantastica – *fantastica* – fidanzata io fossi. Naturalmente che *credevo* di essere. Ero piena di me.

Poi l'universo mi ha giocato uno scherzo: sono rimasta incinta. Di un maschio. *Un piccolo uomo!* Eh? Non immaginavo che questo mi avrebbe portato a frequentare la Scuola dei Maschi, con un doppio master in «Studi maschili» e «Metter da parte me stessa».

In breve tempo, la mia vita si è trasformata in una sequela di compiti che non ero particolarmente contenta di assolvere (nutrire qualcuno), in momenti in cui avrei preferito dedicarmi ad altro (nel cuore della notte). Dovevo anche trasportare oggetti pesanti mentre reggevo un cosino che si dimenava, ed essere ai suoi ordini ventiquattro ore al giorno. *E* dovevo pulire il suo vomito.

La cosa scioccante è che sono stata all'altezza della sfida. È stato come se stessi vivendo in un mio piccolo film, sintonizzato su qualche canzone divertente trasmessa alla radio. Ecco che qui sto mescolando del cibo per bambini fatto in casa. E apro con una mano sola un passeggino tanto complicato che probabilmente è stato progettato in un centro aereospaziale. E se prendo un ciuccio, lasciato sui cuscini del divano, tutto coperto di pelucchi, e lo metto in bocca al bambino? Il montaggio finisce con me che dico: «Perché sta vomitando?» Ora sì che sono davvero una donna gentile, in grado di prendersi cura di qualcun altro, oltre che di se stessa.

Credo fermamente che sia questo il motivo per cui si vedono tante donne celebri trovare un marito dopo che hanno adottato un figlio. I bambini le avvisano: *Stronza, yuhu! Non gira più tutto intorno a te!* E dopo che hanno passato un anno o due pensando a qualcun altro oltre che a loro stesse, improvvisamente Brad Pitt o Harrison Ford si presentano, e decidono di impegnarsi a fondo con loro.

Dentro ogni marito c'è un bambino, e quando impari ad amare quel ragazzino, stai per ottenere una specializzazione post-laurea alla Scuola dei Maschi.

Quel che bisogna sapere sugli uomini

Mentre mio figlio cresceva, sono arrivata alla conclusione che si trattava della versione monocellulare degli uomini incontrati navigando nel Mare dei Maschi. Che epifania! Ho improvvisamente capito che molti dei comportamenti che avevo analizzato secondo un'ottica egocentrica – per esempio: « Perché non mi parla, o non mi chiama, o non mi pensa, o non fa quello che io voglio che lui faccia? » – non aveva nulla a che fare con me! Riesci a immaginarlo? Non avevo mai preso in considerazione questa possibilità. Inoltre, non sarei mai riuscita a cambiare questi atteggiamenti. Non che avessero davvero bisogno di cambiare. Gli uomini, persino quelli che riescono a parlare dei propri sentimenti, hanno un modo diverso di muoversi nel mondo. Parte del motivo è fisiologica – il loro cervello è diverso dal nostro, e anche il sistema nervoso – e parte è psicologica, che è un altro modo di dire che *sono uomini.*

Una specie di utensile

A un certo punto della mia vita, ho capito che stavo trattando gli uomini nel modo in cui un idiota usa una donna. Proprio come molti uomini egoisti, dividevo il sesso opposto in due categorie: (a) quelli con cui volevo uscire e (b) quelli con cui non volevo uscire. Se facevano parte del secondo gruppo, erano invisibili. Poi, quando ho avuto un fidanzato o un marito, o (a) stava facendo quello che volevo o (b) non lo stava facendo. In sintesi, vedevo gli uomini attraverso il prisma del mio io, del mio ego, e concludevo di essere superiore, che poi è l'essenza dello sciovinismo. Li giudicavo e li stimavo sulla base di quanto bene andassero per me, e non esistevano per nessun'altra ragione.

Non dico che sia quel che stai facendo tu con gli uomini, però questo modo di vedere le cose – il valore assoluto di un uomo dipendeva, in qualche modo, dal valore che gli davo io – faceva così parte della mia vita che non riuscivo neppure ad accorgermene. Per esempio, sono sempre stata molto chiara su quanto patetico sia un capo che vuole una bella segretaria. Ma non sapevo quanto io gli somigliassi: gli uomini che mi facevano contenta esistevano, gli altri no.

Avendo un figlio, ora capisco quanto siano importanti le sfide nel crescere un maschio. Il sessismo funziona in entrambe le direzioni: gli uomini non sono *veramente* privilegiati, a meno che tu non sia convinta che crescere in un mondo che si aspetta che tu non abbia sentimenti, che muoia in guerra e abbia un'aspettativa media di vita inferiore di cinque anni, non sia davvero un privilegio. Come donna, mi piacerebbe vedere cosa accadrebbe se ci impegnassimo a essere più amorevoli e meno competitive con gli uomini. E se iniziassi io? Credo davvero che questo sia il nuovo capitolo del femminismo. Mettere giù la spada e prendere il... non so... grattaschiena?

In fin dei conti, sono una presuntuosa. Che siano dannati gli studi di genere: non credo sia tutta una questione culturale. Gli uomini e le donne non sono uguali. E se avete visto giocare un gruppo di bambini sapete cosa intendo: per una inquietantemente ampia porzione di tempo, i bambini preferiscono i camion e le bambine le principesse. Anche quando i loro genitori mangiano biologico. E finalmente l'ho accettato. *Vive la différence!*

Questo ci porta alla mia grande scoperta: in generale, gli uomini della mia vita non ce l'avevano con me; *erano proprio così.* Mi davano quel che avevano, quando ce l'avevano. E non mi davano quel che non avevano, quando non l'avevano. È capitato raramente (quasi mai) che avessero ciò che desideravo, ma si rifiutassero di darlo *a me*. Non succedeva. In effetti, nulla mi ha reso meno egoista nei confronti degli uomini quanto comprendere che la maggioranza delle persone (uomini, donne, chiunque) fa quel che può in ogni occasione; in caso contrario, è perché *non può*, non perché non vuole. Così posso smetterla di punire chiunque non sia capace di rispondere al mio (perlopiù egoista) elenco di richieste.

Per anni ho creduto alla teoria secondo cui quasi tutto quel che facevano gli uomini dipendeva da un comportamento acquisito e quindi dovevo insegnare loro a modificarlo. A essere del tutto onesta (anche se è imbarazzante), non pensavo neppure che il modo maschile di vivere il mondo fosse valido, pensavo che quello femminile – affrontare le cose parlando, analizzare le emozioni, relazionarsi emotivamente – fosse superiore. Ed ero pure molto arrogante. Non mi è mai passato per la mente che chiedere a un uomo di parlare con me, accidenti, potesse essere più o meno come chiedere a una donna di smetterla di essere così emotiva.

C'è anche una parola per indicare quel che mi mancava: rispetto. Imparare il rispetto ha cambiato il modo in cui mi relaziono con gli uomini, in maniera radicale: ho smesso di criticarli e ho iniziato a vederli per quello che sono. Avrebbe dovuto essere ovvio che non potevo mantenere una relazione sana con qualcuno se non potevo neppure rispettarlo, ma questo è l'egoismo: una mancanza di rispetto per le altre persone. È dire: «Io, i miei pensieri, i miei sentimenti sono più importanti dei tuoi, quindi vengono prima». Nessuno vuole sposare qualcuno che si avvicina così all'amore, perché non è veramente amore.

Come devi cambiare

Dovrai diventare *una persona migliore*. Sai che esistono persone spontaneamente «buone»? Che sono servizievoli, cortesi, premurose, affabili, educate e gentili? In altre parole, molto noiose, per una come te? Be', devi diventare così, solo che a te non verrà spontaneo. Però c'è una scorciatoia segreta, che ti porterà da dove ti trovi ora a dove vuoi essere in una mossa sola: una specie di *Scale e serpenti*, ma senza dover totalizzare un sei coi dadi. E la scorciatoia è: *smetti di vivere la vita attraverso i tuoi sentimenti.*

Devi solo smettere.

Di solito i tuoi sentimenti non sono ciò che credi. Non si tratta di bambini preziosissimi, che hanno bisogno di essere nutriti e protetti e curati. Non c'è bisogno che li porti in giro, legati al petto col marsupio, da cui spuntano le loro gambette dondolanti. Puoi farlo una volta alla settimana, per cinquanta minuti, durante la seduta dall'analista, ma è tutto, perché i tuoi sentimenti non sono per nulla quel che ti aspetti.

In realtà, vivere la vita attraverso di loro è un metodo

garantito per pensare a te stessa *tutto il tempo*. Perché tu rimanga egoista. Sì, talvolta i sentimenti sono importanti, quando c'è un lutto in famiglia, se succede qualcosa di veramente importante (buono o cattivo che sia), o quando soffri per un trauma infantile, ma, come ho detto, c'è un tempo e un luogo per questo.

Per il resto, i sentimenti non sono più importanti di alzarsi la mattina, andare a lavorare, chiedere a qualcuno come sta la sua famiglia, o cambiarti l'assorbente. E, soprattutto, non sono più importanti dei sentimenti di qualcun altro. Se vuoi avere una vita felice – e sicuramente se vuoi avere una relazione amorosa – devi mettere i sentimenti al loro posto.

C'è un ottimo modo per distrarti dai tuoi sentimenti: smetti di prestargli tanta attenzione. Nei giorni in cui i miei sentimenti si fanno sentire, li tratto come fossero clienti indisciplinati in coda alla cassa per il cambiomerce e io fossi la commessa di turno. Mentre chiedono di parlare con il direttore, rimango calma e cerco di non peggiorare le cose. « Sì, signora – dico – la vedo e la sento. Ora la prego di sedersi e sarò da lei appena possibile » (sottolineo « appena possibile », così i miei sentimenti sanno che mi preoccupo per loro, solo che non sono disposta a mollare tutto e permettere che saltino la fila *durante tutta la mia dannata giornata*).

I miei sentimenti *odiano tutto ciò*! Cominciano a saltare su e giù, come ragazzini delle medie in un servizio in esterna al telegiornale. In questo caso, il tuo servizio in esterna rappresenta una grande relazione amorosa, e non puoi permettere che i tuoi sentimenti rovinino tutto. Un uomo maturo non si farà coinvolgere da una donna gelosa, che consente ai suoi sentimenti di dominare il proprio mondo. È troppo faticoso! Nessun uomo che abbia rispetto per se stesso vuole vivere quel genere di (evitabile) crisi.

E, onestamente, tu lo faresti?

Dritte spirituali che ti aiuteranno a cambiare

Il rimedio spirituale all'egoismo è il *servizio*. Il matrimonio è fondato sul servizio. Sì. È quello che ho detto: *servizio*. Voglio che tu serva tuo marito e, già che ci siamo, chiunque altro intorno a te. Sarai una persona molto più felice. Non ti sto consigliando di trasformarti in una specie di cameriera o di geisha, sto dicendo che devi entrare nell'ordine di idee che amare qualcuno significa dare qualcosa e non prendere (è vero sia per gli uomini sia per le donne). E la cosa che dovrai dare è *amore*, anche quando qualcuno non lo merita.

È un grande paradosso: tutti vogliono essere amati incondizionatamente, ma nessuno vuole diventare una persona migliore. Ecco perché ci sono così tanti problemi nell'ambito delle relazioni! Tutti vogliono rimanere quel che sono, mentre l'altra persona deve cambiare. Se vuoi essere realista e pronta ad amare un vero uomo, *devi essere tu a cominciare*.

E puoi cominciare proprio ora, nella tua quotidianità. Per esempio, la prossima volta che sei in auto, prova a lasciar passare avanti un automobilista nella tua corsia. Sorridi e saluta e sentiti bene per questo. Sentiti generosa. Nota quanto odi quella sensazione. Ecco perché cominci con gli estranei, perché inizialmente essere migliore fa male. Soprattutto quando lo si fa con qualcuno cui teniamo, si ha la sensazione che ciò gli conferisca un potere su di noi e per questo vien voglia di ucciderlo.

È come cercare di infilare un piede numero 39 in un bel paio di scarpe numero 36½. Pensala così: se qualcuno ti dicesse che devi indossare queste scarpe alla serata degli Oscar, saresti disponibile a farlo, anche se fosse doloroso, giusto? Comunque, queste sono scarpe speciali e più a lungo le indossi – cioè, più a lungo cerchi di essere migliore (a prescindere che anche lui migliori o no; questo riguarda *te*) – più le scarpe si adatteranno magicamente per accogliere meglio questa te più «grande». E se indossi quelle scarpe così tanto da consumarle, probabilmente scoprirai che anche il tuo uomo cresce, altrettanto magicamente, nello spazio che stai creando.

Come vantaggio collaterale, ti preparerà per la maternità che, come ho detto prima, è come una lunga coda in cui il tuo bambino cerca sempre di sorpassarti. Occasionalmente verrai prima, ma ti sentirai in colpa per questo. O dovrai pagare una babysitter 15 dollari l'ora per questo privilegio. Di nuovo, si tratta di una pratica spirituale. Il matrimonio e la maternità saranno *pieni* di momenti che non ti piaceranno.

E come *sarai* in quei momenti? Infantile, capricciosa, spaventata, ferita, una vittima? O gentile, amorevole, di buon umore e una benedizione per chi ti circonda? Perché queste qualità sono al nocciolo del servizio. E se sei preoccupata di fare questo lavoro senza che nessuno lo apprezzi o lo noti, non lo fare, perché non hai bisogno di riconoscimento per questo. Otterrai sicuramente l'unica cosa di cui hai bisogno; non è possibile *che non accada.*

Diventerai una persona migliore.

Quello che la tua vicina sa, ma non si sognerebbe mai di dirti

Ricapitoliamo il capitolo 5:

- ***Sei egoista.*** Pensi sempre a te stessa, e questo non è invogliante. Il tuo egoismo si nasconde in ogni atteggiamento; trovalo ed eliminalo.
- ***Pensa a dare, non a prendere.*** Prima lo capisci, prima potrai mandare al diavolo tutta l'istituzione del matrimonio (sto scherzando). Ma ricorda: gli uomini

non esistono per te. Piantala di comportarti come fosse così.

- ***Sii una persona migliore.*** Smetti di prestare tanta attenzione ai tuoi sentimenti. Non agiscono per il tuo migliore interesse, probabilmente ti vogliono tutta per loro.
- ***Sii servizievole.*** Non essere una martire, ma cerca di vedere quale può essere il tuo *contributo* alla situazione. Specialmente nelle relazioni. Sarai molto più felice.

Capitolo 6

Sei un disastro

Hai bisogno di rimettere insieme i pezzi della tua vita

1. Sembri attratta da – o sembri attrarre – uomini che hanno seri problemi?
2. Hai dei segreti che non condividi nemmeno coi tuoi amici più intimi?
3. Analizzando la tua vita in questo preciso istante, diresti che sei pronta a occuparti di un uomo e/o di un bambino?

ECCO QUALCOSA CUI PENSARE. Immagina che l'uomo dei tuoi sogni ti abbia guardato su una televisione a circuito chiuso per le ultime trentasei ore. Senza che tu lo sapessi, c'era una telecamera in ogni stanza della tua casa che ha registrato tutto quel che hai fatto, e ora l'uomo che hai aspettato per tanti anni lo sta guardando. Ogni singola ora.

Cosa ha visto? La tua stanza in disordine? Una segreta razzia di gelato? L'avventura di una notte?

E quando avrà finito di guardare, si procurerà le copie dell'estratto conto della tua carta di credito, della tua cartella medica, saprà tutto della tua storia come guidatrice, e avrà lo scontrino della tua ultima spesa al negozio di alimentari. Saprà tutto di te: il reddito, come i tuoi superiori valutano il lavoro che fai, le dichiarazioni fiscali, e cosa c'è nel ripostiglio. Potrebbe non aver letto il tuo diario, ma non ce n'è bisogno, visto che era presente mentre quei fatti accadevano.

Ti spaventa? Perché questo, di base, è il matrimonio.

Chiunque sarà tuo marito, ti vedrà quando avrai un brufolo gigante sulla guancia, saprà quando avrai la candida e ti sentirà vomitare quando avrai l'influenza. E queste sono cose che succedono a tutti, prima o poi, ma se si tratta di abitudini che sai non essere normali? Qualcun altro sta per avere pieno accesso alle tue più intime abitudini e a tutti i dettagli della tua vita. Potrebbe non piacerti, ma puoi gestirlo.

A meno che tu non sia un disastro.

Un disastro è quello che sembra: un macello.

E non è ciò che si desidera in un compagno di stanza o in un collega, figuriamoci in un coniuge. Se la tua vita è un macello, è come trovarsi in un western in cui, non si sa come, Jennifer Jason Leigh in *Inserzione pericolosa* – o Reese Witherspoon, in quel film sull'avvocatessa in rosa – è finita sul tuo carro coperto, e ti tocca attraversare le Montagne Rocciose con lei al seguito. In altre parole, *se sei un disastro, sei una palla al piede.*

Di cosa si tratta

Essere un disastro significa avere dei problemi. Se c'è qualcosa che non vorresti – o non potresti – far sapere all'uomo dei tuoi sogni, puoi star sicura che, almeno in parte, questo sta contribuendo a farti rimanere single. Sto parlando di una questione comportamentale, emotiva o psicologica sufficientemente seria da impedirti di sposarti. Forse bevi un'intera bottiglia di vino ogni sera (lasciarne un dito sul fondo non conta), o mangi troppo, o hai speso con la carta di credito 425 dollari per degli occhiali da sole.

Magari hai una pessima relazione con tua madre, pulisci ossessivamente, o hai una strana fantasia sessuale. Qualcosa del genere.

Non vuol dire che devi essere perfetta. Non devi. Nessuno, come si usa dire, è perfetto. Ma alcuni aspetti hanno un influsso negativo più potente di altri. Fumare segretamente del crack è uno di questi. Un weekend di blackjack a Las Vegas ogni tanto ci potrebbe stare; ma se ogni tanto ti dai al taccheggio, è un guaio. Tutto dipende da qual è il tuo problema.

È facile capire quando qualcosa sta ostacolando la tua capacità di vivere una relazione: se vuoi che rimanga *un segreto*. Una relazione seria, il genere che porta a un matrimonio, richiede il mettersi a nudo. Se hai qualcosa da nascondere, potresti non volerlo fare, ma, anziché ammetterlo, molte continuano a scegliere uomini che non hanno intenzione di impegnarsi, uomini che non vogliono sposarsi, o uomini più incasinati di loro.

Non è detto che tu ne sia consapevole. Più facilmente, una volta ogni tanto, quando meno te lo aspetti, ti trovi a pensare che quando finalmente smetterai di fare... (riempi lo spazio) o di avere un problema con... (riempi lo spazio), forse incontrerai *Lui*.

Questi pensieri non escono allo scoperto, facendosi riconoscere; è piuttosto come avere la sensazione di vedere il tuo maestro delle elementari, mentre cammini per le strade di una città che non conosci. Ti chiedi: « Aspetta un momento, l'ho proprio visto? » E ti rispondi: « No, probabilmente no ».

Sono pensieri che si nascondono perché la mente non vuole accettare il fatto che quel che fai possa avere tali ripercussioni sulla tua vita. Ma ti posso assicurare che, se vuoi tenere qualcosa segreto, o se hai pensato che il tuo uomo potrebbe non presentarsi fino a quando non risolvi un particolare problema, di qualsiasi cosa si tratti, porta a delle conseguenze.

Un altro importante indizio è aver pensato qualche volta: « Dovrei smetterla con... (riempi lo spazio) ». Come dico sempre, nessuno vuole mai smettere di mangiare i broccoli o limitarsi a inserirli nel menu del weekend. Le persone vogliono controllare ciò che, a qualche livello, rappresenta una preoccupazione. Perciò, se stai cercando di reprimere un certo comportamento, devi analizzarlo meglio.

Forse dici a te stessa che ti comporterai in quel modo solo fino a quando non arriverà l'uomo giusto. Potresti persino pensare che sarà il tuo compagno, quando arriverà, a impedirti di proseguire su quella strada (buona fortuna). Ciò che non capisci è che qualsiasi uomo desideri mettersi con te mentre hai ancora i tuoi problemi a pieno regime, ha pure lui dei problemi seri (molto probabilmente connessi ai tuoi).

Questo funziona pure quando lui non è consapevole dei tuoi guai. Gli esseri umani sono animali: le nostre capacità intuitive sono sempre al lavoro, sommando gli indizi che recepiamo da chi abbiamo di fronte. Io credo che, a un certo livello, noi percepiamo *tutto* di *tutti*.

È così che veniamo attratti da qualcuno. La nostra mente fa un trilione di piccoli calcoli su un qualcosa che ci arriva attraverso gli occhi, i gesti e qualsiasi altra cosa che recepiamo coi peli sulle braccia. In un istante decidiamo che ci piace, poi ci sorprendiamo quando salta fuori che ama Bon Jovi, ha un problema con la rabbia e deve un sacco di soldi al fisco... proprio come l'ultimo uomo con cui siamo uscite.

Come ho già detto, quando ci si piace, possiamo essere assolutamente certe che è perché qualcosa di uno corrisponde a qualcosa dell'altra. E probabilmente non a livello conscio:

Lei: Oh mio Dio, ti piace il viola? Anche a me piace il viola!
Lui: Forte. Stringiamo una relazione davvero profonda.

No. Le cose che attraggono e legano le persone a te (e viceversa) hanno molto più a che fare con ciò che è *in-*

consapevole e *irrisolto*, che non con quanto è alla luce del sole e funziona a meraviglia.

Gli aspetti della tua vita che stai cercando con cura di tenere ai limiti della coscienza, agiscono come la luna con la marea: esercitano una pressione potente sulle tue relazioni.

E questo è il nocciolo della questione: se hai qualcosa da nascondere, potresti *credere* di voler incontrare Mr Per Sempre, ma inconsciamente hai un obiettivo molto più immediato: *assicurarti che nessuno ti venga tanto vicino da scoprire quel che nascondi.*

Perché vorrebbe dire che devi *smettere* immediatamente di fare qualsiasi cosa tu stia facendo, giusto? Ma se tu volessi davvero smettere, perché non lo fai?

Appunti sulla mia vita come bevitrice e fumatrice d'erba

Nei dieci anni tra la fine del mio primo matrimonio e l'inizio del mio secondo – tra i ventidue e i trentadue anni – ho finito il college a Salt Lake City; mi sono trasferita a Portland, in Oregon; ho iniziato una nuova carriera in televisione; ho conosciuto, mi sono innamorata, ho convissuto e chiuso la convivenza con tre fidanzati; ho passato sei mesi a viaggiare nell'America centrale; e sono arrivata a New York.

Durante quel periodo, ho acquisito alcune *pessime* abitudini. Così cattive che, dopo tre anni che stavo a New York, ero diventata praticamente infrequentabile. Bevevo troppo e fumavo troppa erba.

Ero anche seriamente squilibrata dal punto di vista emotivo: ci sono almeno due amici che erano così stanchi delle mie telefonate in lacrime, che hanno iniziato regolarmente a lasciar scattare la segreteria telefonica. Pensavo di essere brava a nasconderlo e da lontano probabilmente sembravo la classica ragazza in carriera, con una personalità positiva, un lavoro interessante e un'in-

Esiste un gene maschile della stabilità matrimoniale?

I ricercatori del Karolinska Institute di Stoccolma hanno posto a più di cinquecentocinquanta gemelli, e ai partner, domande sulla felicità del loro matrimonio; quindi hanno raccolto la saliva degli uomini per il DNA. Ciò che hanno scoperto è molto affascinante: più copie aveva l'uomo di una certa variante genetica (nota come allele 334), più il legame con la compagna era debole.

Gli uomini con due copie della variante avevano il doppio di possibilità, rispetto a coloro che non la possedevano, di aver sperimentato una crisi coniugale nell'ultimo anno. In più, le donne sposate con gli uomini che avevano uno o due copie della variante erano, in media, meno soddisfatte della loro relazione, in confronto a quelle sposate con uomini senza alcuna copia.

Lo studio ha scoperto anche che gli uomini con due copie della variante avevano il doppio delle possibilità di non sposare le loro compagne, e madri dei loro figli.

Se ti stai chiedendo se puoi far fare a un uomo il test, la risposta è sì. I test per la saliva per l'allele 334 sono disponibili online. Ma non credo che tu ne abbia davvero bisogno per sapere se stai frequentando un uomo con due copie dell'allele. Guarda solo quanto sei felice con lui!

tensa vita sociale. Tuttavia, a un occhio allenato, era piuttosto ovvio che la mia ambizione era più una dipendenza da lavoro, i miei « amici » erano più compagni di bevute e la mia personalità positiva era, in effetti, maniacale. Ma io non lo sapevo, credevo di vivere un grande periodo.

Fino a quando non ho capito.

Intorno al mio ventinovesimo compleanno, ho cominciato a rendermi conto che, nonostante i miei sforzi, non ero capace di attrarre un'altra relazione. Che diavolo? Mi ero trasferita a New York con il mio fidanzato di Portland (al quale aveva passato il testimone il fidanzato di Salt Lake City, con il quale mi ero trasferita a Portland; il quale, a sua volta, aveva preso il testimone dal fidanzato di Minneapolis, che avevo sposato, e con il quale mi ero trasferita a Salt Lake City... hai capito il punto), ma da quando io e il fidanzato di Portland ci eravamo lasciati (una mia decisione), non c'era stato nessun altro. *Niente.* Certo, un paio di tizi mi avevano offerto delle scopate, ma nessuno voleva stare con me e vivere con me con l'eventuale fine di sposarmi, com'ero ormai abituata. Il testimone era rimasto inutilizzato e giaceva abbandonato in un canale di scolo, da qualche parte.

Dopo tre anni senza una relazione, ero *sola.* E un disastro.

Pensai forse che avesse a che fare con la mia santa trinità: lavoro, alcol e marijuana? Per niente. Infatti, se tu me l'avessi chiesto (e un paio di persone *l'hanno fatto*), avrei risposto che le mie canne e i miei cocktail non erano un ostacolo. Rendevano la quotidianità sopportabile, fino a quando non sarebbe arrivato il mio momento. Ogni tanto, una certa idea arrivava in superficie: per avere una relazione dovevo smettere di fare quello che stavo facendo. Non serve dire che si trattava di un'idea che non amavo particolarmente, perciò cercavo di non prestarle troppa attenzione.

Le mie amiche Bottiglia e Canna facevano per me ciò che pensavo nessun altro potesse fare: mi facevano sentire al sicuro. E quando ho pensato di lasciar entrare nel mio mondo qualche tizio di New York, dissoluto e irritabile e pericoloso, sapevo che non sarebbe stato possibile gestirlo senza i miei piccoli meccanismi di difesa. Così ho deciso che avrei smesso, ma non subito. Per farla breve, mi sono trasferita a Los Angeles, e sei settimane dopo ho smesso di bere. Dopo un anno ero incinta e fidanzata (in quest'ordine) con un uomo super. Posso non essere rimasta sposata con lui a lungo (e per questo mi prendo gran parte della responsabilità: lui è davvero un brav'uomo), ma posso dire, senza alcun dubbio, che è il miglior padre che una donna piena di problemi potrebbe volere per il figlio. Ed è arrivato quando ho smesso con le mie cattive abitudini.

Perché Kaley non è sposata

Kaley è l'esempio perfetto di una ragazza rimasta single a causa dei suoi problemi. All'età di trentasei anni, si sente pronta per una relazione più impegnata, ma le sue prospettive si affievoliscono – no, *si estinguono* quasi completamente – nel momento in cui un uomo mette piede nel suo appartamento. Perché? Perché è un *disastro*. Ci sono piatti impilati nel lavabo, i vestiti giacciono sul pavimento della camera da letto e le lenzuola non sono state cambiate da secoli. Sembra l'appartamento di un universitario. Maschio.

Kaley è, letteralmente, un disastro.

Sembra un problema semplice da risolvere: pulisci, no? In effetti, però, la sciatteria di Kaley è come quando ti viene il fuoco di Sant'Antonio per colpa del tuo debole sistema immunitario: il problema sembra essere l'herpes zoster, ma sotto sotto c'è un problema anche più grosso che *non puoi* vedere. Nel caso di Kaley è un grande, gigantesco debito di almeno cinquantasettemila dollari, spalmati su sei diverse carte di credito, che sta gestendo la sua vita. Da fuori lei sembra perfetta, con la manicure fatta, i capelli sempre a posto e i vestiti firmati: ma niente di tutto ciò è stato pagato. Passa le giornate schivando le telefonate dei suoi creditori e cercando di nasconderle persino ai suoi amici più stretti. Di notte si sente male dalla preoccupazione, chiedendosi come ne uscirà mai, potendo contare solo sullo stipendio da agente immobiliare.

Intanto, Kaley esce solo con uomini che pensa siano ricchi abbastanza per cavarla fuori dai guai con un'unica firma, un'altra strategia che non sta funzionando, perché anche se dovesse trovare quell'uomo, dovrebbe dirgli le cose come stanno, e non sarebbe capace di farlo. Quindi la situazione continua a peggiorare, gli interessi aumentano e così le sue preoccupazioni. È arrivata al punto di non uscire più, perché quando, qualche mese fa, ha detto a un uomo l'importo del suo enorme debito, lui l'ha lasciata. Kaley gli piaceva, ma non era disponibile a prendersi quel tipo di responsabilità finanziaria. E perché avrebbe dovuto? Una relazione è già abbastanza difficile anche se non la si inizia in *rosso*.

Questo non significa che se hai un grosso debito studentesco o un mutuo, non sei donna da sposare. La chiave è se il debito è sotto controllo e ragionevole (come accade per un debito studentesco), oppure no; e quello di Kaley non lo è.

Quel che bisogna sapere sugli uomini

Come ho detto prima, un uomo pronto a impegnarsi cerca una donna che sarà non solo la sua compagna, ma anche la madre dei suoi figli. Aspetta, lasciamelo ripetere, in corsivo: *la madre dei suoi figli*. Questo significa che vuole tu sia tutto ciò che era sua madre, ma in meglio. Senza quelle caratteristiche che le hanno impedito di soddisfare tutti i bisogni del figlio (che, puoi esserne sicura, lui ha totalmente represso).

Quando un uomo vede il modo in cui nutri te stessa (o non lo fai), capisce se sei pronta a prenderti la responsabilità di occuparti di una famiglia (oppure no). Anche se lo capisce solo inconsciamente. E anche se all'inizio la famiglia è di sole due persone: tu e lui. Devi chiederti se ciò che vedrebbe un uomo guardandoti su un video a circuito chiuso, gli farà pensare di poter avere una bella vita con te e, in particolare, se sarai capace di rispondere ai suoi bisogni fisici ed emotivi del momento.

Gli uomini sono come i gatti

La mia amica Sara racconta una storia fantastica sul giorno del suo matrimonio. Stava per percorrere la navata con sua madre *e* suo padre, quando la madre, Eileen, una vivace bionda sposata al padre di Sara da quarantadue anni (e sono ancora insieme), si è chinata e le ha sussurrato all'orecchio: « Sto per rivelarti il segreto di un grande matrimonio ».

Ovviamente Sara si è fatta attentissima: « E qual è? » ha chiesto.

La marcia nuziale stava per iniziare. Prima che parlasse di nuovo, Eileen ha fatto una lunga pausa. Poi ha inspirato a fondo. « L'ego maschile non può essere riparato », le ha risposto.

Sara non riusciva a credere alle sue orecchie: « È questo? *L'ego maschile non può essere riparato.* Questo è il segreto di un grande matrimonio? »

« Sì, è così », ha detto ancora Eileen, senza nessuna traccia di ironia e continuando a considerarsi una femminista come sempre.

Uau.

So che in molte penseranno che si tratti di un consiglio patetico. Di primo acchito, potrebbe sembrare che Eileen sia convinta che gli uomini siano più importanti delle donne, o che le donne debbano farsi «più piccole» per non intimidire i loro compagni, o che Eileen sia di vecchio stampo.

Mi permetto di dissentire. Penso che Eileen stia dicendo che un marito non è come una lucertola, la cui coda può ricrescere una volta che viene tagliata, ma piuttosto come un gatto, che può vivere senza coda, ma non può più saltare e bilanciarsi e arrampicarsi sull'albero più alto.

Tu vuoi essere il tipo di donna che incoraggia il proprio uomo ad arrampicarsi sull'albero più alto.

E non puoi farlo se sei un disastro.

In un certo senso, questo è il punto. Noi siamo più importanti per gli uomini dal punto di vista del nutrimento, di quanto non lo siano loro per noi. Quando noi donne vogliamo essere nutrite emotivamente, abbiamo almeno mezza dozzina di persone tra cui scegliere: la migliore amica, le sorelle, la nostra seconda migliore amica e, se assolutamente necessario, i nostri ex migliori amici. Gli uomini spesso hanno solo noi. Non hanno conversazioni intime, che mettono a nudo l'anima, con i colleghi. Così, se noi abbiamo qualche grosso problema a essere emotivamente, fisicamente o spiritualmente disponibili, sanno che soffriranno. «Soffrire» è una parola forte ma, a un livello più profondo, non sto esagerando. Nessun uomo metterebbe una firma per una relazione così.

Come devi cambiare

Non c'è motivo per indorare la pillola. Per cambiare, *devi fare ciò che non vuoi fare.* Sai già di che si tratta – è il tuo problema – e lo stai evitando in ogni modo. A un qualche livello, sai persino che ti sta impedendo di metterti con qualcuno, o almeno lo sospetti, ma non vuoi ammetterlo. Perché ammetterlo vorrebbe dire che devi affrontarlo e non pensi di poterlo fare, o forse non vuoi proprio farlo.

Questo è un parziale elenco dei classici problemi che non si vogliono affrontare: smettere di bere, perdere peso, trovarsi un lavoro, licenziarsi, chiudere con qualcuno, dichiarare fallimento, perdonare il proprio padre (o il padre del proprio figlio, o la propria madre, o il proprio fratello), smettere di farsi le canne, smettere di guardare troppa TV, farsi curare, smettere di curarsi, non prendere più sonniferi, affrontare i disordini alimentari, smettere di fare la stronza, smettere di fare sesso senza impegno, e tutto il resto menzionato in questo libro.

Come ho detto, si tratta di un elenco parziale. Tu sai qual è il tuo problema, se ne hai uno. E ci sono buone probabilità che tu ne abbia uno.

Una volta che sei pronta a fare ciò che non vuoi, sarai molto impegnata ad afferrare il toro per le corna. Fa' quello che fanno tutti, quando hanno un problema: leggi quello che puoi (assicurati di fare ricerche per somiglianze e non differenze: vuoi *individuare* il problema, non decidere che non ne hai), torna alla terapia che hai lasciato (specialmente quella di gruppo, così puoi vedere com'è quando le persone cercano di negare), entra in un gruppo che segue il programma dei dodici passi, va' dal dottore, cancella l'abbonamento della TV satellitare, fa' agopuntura o chiama un consulente finanziario.

Non credere che starai subito meglio. Si dice che

quando una persona si libera di un problema non troppo grande, la sua vita migliora, ma se si libera di qualcosa di rilevante, come una dipendenza o un comportamento compulsivo, la sua vita inizialmente peggiora. Questo perché i grandi problemi sono strutturali: non te ne sei accorta, ma sono diventati come muri e pavimenti e soffitti della tua vita, senza neppure saperlo.

Quando hai un problema, te ne vai in giro immaginando che, se riuscissi a liberartene, la tua vita sarebbe perfetta. Spesso però, quando inizi a occuparti del tuo problema più importante, scopri che sta nascondendo tanti micro-problemi; una specie di prestito di consolidamento della vita, dove tutti i tuoi problemi meno seri sono avviluppati a quello più grande.

Per esempio, hai un disturbo alimentare che ti ha portato a essere sovrappeso. Sai che questo complica la tua possibilità di uscire con gli uomini, allora decidi di smettere di mangiare cibo che dà dipendenza. Però non appena chiudi con lo zucchero raffinato, la farina bianca e il cibo spazzatura, capisci a cosa ti serviva: ha alleviato la sofferenza di sentirti sola, ti ha aiutato a gestire gli sbalzi d'umore e ha inibito il desiderio di fare continuamente shopping. Senza più la protezione del cibo, ti trovi con un conto in banca che piange e un armadio pieno di abiti che progetti di indossare quando sarai dimagrita. E *questo* ti causa dolore, che affronti bevendo troppo. E così via.

Non disperarti: succede spesso. La tua vita è un ecosistema. Se ne modifichi un aspetto, specialmente se conta parecchio, avrà ricadute su tutto il resto. Sarai tentata di lasciar perdere, di tornare ai vecchi tempi. Almeno allora sembrava che funzionasse, in qualche modo. Ma ti prometto – *ti prometto* – che se insisti con il processo che hai intrapreso per fare ciò che non vuoi fare, la tua vita migliorerà.

E quando hai un dubbio, tutto quel che devi fare è

chiedere a te stessa: se quel vecchio comportamento non ha funzionato per i primi trentacinque anni, perché dovrebbe funzionare nei prossimi trentacinque?

Dritte spirituali che ti aiuteranno a cambiare

L'idea spirituale con cui ci stiamo confrontando qui è *lasciar andare*. Lasciar andare ha una grande importanza nel mondo New Age, ma cosa significa? Sembra che corrisponda a rinunciare, ma non è la stessa cosa, è più come se avessi la mano intorno a qualcosa, diciamo un passerotto o una farfalla, e la aprissi. Se il passerotto volesse volare via, finalmente potrebbe, e se non volesse, rimarrebbe lì. Lasciar andare è il processo di *credere* che, se qualcosa non è buono per te, starai meglio senza. Quindi lascialo andare.

Rinunciare a qualcosa – specialmente se si tratta del tuo problema – è veramente difficile. Lo so perché ci sono passata anch'io. Ma lascia che t'incoraggi: *ne vale la pena*! L'ostacolo più difficoltoso di questo processo è la tua mente. È lei a essere convinta che non può vivere senza questo-e-quello. Tu sai che puoi, è ovvio. Ma è solo una teoria, fino a quando non cominci ad agire.

Per esempio, io ho smesso di fumare dozzine di volte, prima di riuscirci davvero. In parte perché mi permettevo di fumarne « solo una ». Naturalmente, nel giro di settantadue ore, « solo una » diventava un pacchetto al giorno. Ma ho dovuto passarci molte più volte per *capirlo* davvero. Allora la mia mente ha tirato fuori un altro piano ingegnoso: il nuovo pensiero, prima di accendere il fiammifero, era: *Smetto domani*. È inutile dire che non lo facevo per settimane o mesi. Ho dovuto smettere altre sette volte prima di affrontare quella bugia. Alla fine ero così stufa di fumare ed ero così *pronta* a farlo, che ce l'ho fatta una volta per tutte. E quando la mia mente iniziava a dirmi storie su fumarne una o smettere domani, rispondevo con ciò che *sapevo*: se non avessi mai più preso una sigaretta, se non l'avessi più messa tra le labbra e accesa, non avrei più dovuto smettere... di nuovo.

Così, alla fine, non l'ho più fatto. E quel che ho scoperto allora è che fumare rendeva confortevole il rimanere impantanata. Quando ho smesso di uscire per fumare per dieci minuti, venti volte al giorno, non solo ho avuto molto più tempo a disposizione, ma ho anche scoperto che ero a disagio con un sacco di altre cose che non andavano nella mia vita, come il mio lavoro, il mio fidanzato e la mancanza di creatività. Se avessi ascoltato ciò che diceva la mia mente – che non potevo vivere senza le sigarette – non l'avrei mai scoperto. E non sarei mai cambiata.

Rinunciare alle sigarette (una delle *molte* cose cui ho dovuto rinunciare negli anni, incluso il sesso con uomini scadenti!) è stata una grande lezione per me: non importa quale sia il tuo problema, la risposta prevede sempre il *lasciar andare*. Qualcosa. La ragione è che la vita è una lunga serie di lasciar andare. L'infanzia. Avere la mamma che ti fa il letto. I tuoi migliori amici delle medie. La prima bici. Il primo fidanzato. La giovinezza.

Inoltre, non appena avrai lasciato andare una cosa qualsiasi, in un particolare momento della tua vita, dovrai lasciar andare qualcos'altro. Poi, non troppo tempo dopo, dovrai lasciar andare *un'altra* cosa. E quando lascerai andare tutte queste cose, ancora e ancora, sarai vicina a lasciar andare l'ultima: la vita.

Non voglio deprimerti! È per dire che a livello spirituale l'intero viaggio consiste nel lasciar andare: persone, posti, idee, opinioni e posizioni. Più lasci andare, più diventi libera. E più libera sei, più bello (e comodo) il viaggio della vita sarà... perché la tua resistenza sarà minore.

Capire questo passaggio è importante per affrontare con maturità una relazione. Sapere come lasciar andare ti permette di affrontare, con affetto e compassione, discussioni, delusioni e ferite. Quando hai acquisito la consapevolezza del quadro completo – cioè che in fondo tutta la vita è un lasciar andare – non è più un grosso problema avere un marito testardo, o arrogante, o che nega l'evidenza, o qualsiasi altra cosa stia facendo, che è tipicamente umana.

Se si considera la situazione da un altro punto di vista, ciò che chiamiamo «problemi» sono, in realtà, tentativi di proteggerti contro la grande innegabile verità della vita: quando tutto è stato detto e fatto, non potremo tenerci *niente*. Quale modo migliore per proteggersi dal dolore di perdere qualcosa, se non quello di non possederla fin dall'inizio?

Accidenti, Alfred Tennyson ha posto la questione oltre cent'anni fa: *è meglio aver amato e perso che non aver amato mai?*

Nel profondo, i problemi ci proteggono dal dolore di amare e perdere, ma, una volta che hai capito lo scopo di certi atteggiamenti – sono strategie per non renderti vulnerabile a un altro essere umano – e quando avrai accettato il fatto che non si può evitare di essere vulnerabili, allora vorrai lasciar andare. In fondo, lasciar andare significa espandersi. Essere libere.

Permetti che il cambiamento avvenga. Permetti alla vita di fare il suo corso.

Quello che tua sorella ti direbbe, se solo sapesse cosa sta succedendo

Riassumiamo ciò che abbiamo approfondito nel capitolo 6:

- ***Sei un disastro.*** Hai dei problemi e bisogna affrontarli prima che tu possa metterti con qualcuno e far finalmente funzionare la storia.

- ***Stai mantenendo un segreto.*** Questo è il modo in cui sai che un certo aspetto della tua vita è un problema. Nessuno nasconde quanti broccoli mangia. Non che il mondo intero debba sapere tutto di te, ma se non vuoi che tua *sorella* sappia una certa cosa, probabilmente non ne sei convinta neppure tu.
- ***Fai ciò che non vuoi fare.*** È possibile che tu sappia già cosa si frappone tra te e la tua storia d'amore. Liberatene. Potrebbe far male, ma sarebbe un dolore solo temporaneo. Rimanere in questa situazione ti farebbe star male per sempre.
- ***La vita alla fine è lasciar andare.*** I tuoi problemi esistono per proteggerti dal rischio di amare qualcuno. Lasciar andare vuol dire permettere a te stessa di essere libera. Fallo accadere!

Capitolo 7
Ti odi
Puoi amare un uomo solo quanto ami te stessa

1. Nella tua mente è in corso una radiocronaca che ti paragona – favorevolmente o sfavorevolmente – agli altri?
2. Hai sabotato cose che volevi tantissimo, apparentemente contro la tua volontà?
3. Quando qualcuno parla di amore per se stessi, ti chiedi cosa voglia dire?

L'ODIO CHE PROVI PER TE STESSA È SUBDOLO. Non si presenta in un lungo, scintillante abito da sera, illuminato da un riflettore, cantando una canzone su quanto non ti piaci, accompagnato da una grande orchestra. Proprio no. È più un truffatore. Si muove nella tua mente perfettamente mimetizzato, come una di quelle rane geniali dei documentari naturalistici, che sembrano *proprio un albero*, quando ci sono sedute sopra. Non le vedi fino a quando non battono le palpebre, e solo se le stai guardando *mooolto* attentamente.

Si può immaginare anche come un virus – per esempio, l'herpes simplex – che non sai neppure di avere fino a quando non ti trovi una gigantesca, orrenda crosta sul labbro. All'inizio non credi stia succedendo a te – non sei il tipo da herpes – ma eccolo lì, proprio sulla bocca. La tua reazione è limitarti a pregare perché si sbrighi a sparire e, quando lo fa, molto convenientemente ti dimentichi del tutto che ti sia mai successo... fino a quando, un bel giorno, non si ripresenta. Di nuovo ti sorprendi, perché non sei proprio il tipo da herpes, nonostante sulla tua faccia ci sia la prova che hai decisamente torto.

Non se n'era mai davvero andato.

Ecco come funziona l'odio per se stesse. È silente sotto la superficie, scorre nel tuo sangue non visto, fino a quando non appare in alcune situazioni complicate della tua esistenza. Allora salta fuori in un tripudio di gloria – o è una grandine di pallottole? – mostrandosi soprattutto come un monologo sempre in corso, tanto familiare che il più delle volte non lo senti neppure.

È quella parte di te convinta che la tua vita non funzionerà mai, non sarai mai felice, che chiunque altro al mondo ha il manuale delle istruzioni, quindi sa cosa sta succedendo, invece tu non ce l'hai quindi non lo sai, perché è chiaro che sei una perdente e – già che ci siamo – sei pure grassa. Fa così, oppure ti dice che sei molto *meglio* di tutti gli altri, perché talvolta l'odio per sé proietta la propria deformità sulle persone intorno.

Quando parla – ed è più ciarliero della donna seduta accanto a te in un volo da costa a costa – sembra così *sincero*. Persino quando non sta parlando, rimane lì, invisibile, esercitando la sua sgradevole influenza sulla tua vita amorosa. E tu non lo sai. E fino a quando non lo affronti, ti manterrà di sicuro, senza alcun dubbio, single.

Di cosa si tratta

L'odio per se stesse è legato alla convinzione di *non essere brave abbastanza*. Non è che tu non sei *davvero* brava abbastanza, ma una parte di te vuole che coltivi quest'idea e ha metodi molto ingegnosi per convincerti. Per quale motivo? Be', è complicato. La psicologia offre alcune ottime spiegazioni, riguardanti un genitore interiorizzato o la ricostruzione di un trauma infantile, ma considerato che tutto ciò che vuoi è procedere con la tua vita, può una teoria psicologica aiutarti a tale scopo?

Ciò che ti porterà aiuto subito è comprendere che è un odio astuto. Perlopiù, te ne andrai in giro pensando di essere meritevole e degna di avere tutto quel che desideri... però non riesci a capire come mai ciò che meriti non si materializza mai nello stesso modo in cui succede, per dire, a Gwyneth.

Ma può essere anche più sconcertante di così, perché si fa vedere quando *quello che vuoi è a portata di mano.* Cominci a uscire con un nuovo ragazzo, in gamba; hai perso almeno tre di quegli ultimi quattro chili; sei la prossima a ottenere una promozione al lavoro... e, improvvisamente, senti una specie di ronzio negativo. Sei certa che quello che sei *tanto* vicina a ottenere, quello che pensavi di essere pronta a ottenere, sta per svanire. L'odio per te stessa ha iniziato il suo sabotaggio. Inizi a essere irrazionalmente gelosa proprio quando sei con il tuo fidanzato; mangi patatine fritte per tre giorni di seguito; o arrivi al lavoro *di nuovo* tardi e speri che nessuno se ne accorga. Sai che comportarti così è sbagliato, e non vorresti, eppure lo fai lo stesso.

L'odio per se stesse è un *distruttore.* Un grosso N-O a tutto ciò che vuoi.

È pure un mutaforma e si presenta attraverso l'idea che *niente è abbastanza buono per te.* Capita quando rifiuti persone e cose che *potrebbero* renderti sul serio felice, in favore di persone e cose che soddisferanno l'odio per te stessa. Per esempio, decidi di rimanere disoccupata e attendi il lavoro dei tuoi sogni, invece di accettarne uno che possa mantenere te e i tuoi figli, rispettabile-ma-non-vedi-come-potrai-ottenere-la-carriera-che-desideri. Oppure decidi di non andare alla cena di compleanno di un amico per uscire con un tizio che ha la fidanzata, ma gli piace trasgredire con te. O provi più volte a uscire per un caffè con una ragazza super-impegnata, che vorresti come prossima migliore amica, anche se non è mai, mai disponibile. E finisce che ti senti male.

L'odio per te stessa ama spingerti a questo tipo di scelte perché, alla fine della giornata, sa che la tua conclusione sarà – ancora una volta – che fai schifo, e non avrai mai abbastanza soldi, non sarai mai amata, o non avrai mai grandi amici. La modalità chiave con cui opera, è indurti a fare cose che ti *dimostreranno che ha ragione*. Di conseguenza penserai che non sei brava abbastanza e che non lo sarai mai. Finisce che rimani dove sei, invece di procedere con la tua vita. E forse il modo più importante in cui rimani bloccata è non trovare mai la relazione giusta.

Perché Jasmine non è sposata

Jasmine è una ragazza davvero in gamba. Di bell'aspetto, amichevole, con un sorriso aperto, un grande cuore e una personalità scoppiettante: ha tutto quel che serve per diventare una moglie fantastica. Ma prima deve capire che è «brava abbastanza», perché ora non è così che si sente. Se provassi a dirle che si sottovaluta, lei negherebbe con veemenza. Ti direbbe che fa sport tre volte a settimana, mangia biologico, fa volontariato con un gruppo di aiuto per ragazze adolescenti a rischio. Sta facendo molte cose buone per se stessa ed è convinta che questa sia la prova che è impossibile che lei si odi.

Ma Jasmine – il cui padre è service manager in una concessionaria d'auto – non può smettere di cercare il tipo di uomo che io chiamo *il quarterback*.

È il tipo che si è laureato in un'università prestigiosa, il cui padre è primario di chirurgia in un ospedale importante, ha una madre impegnata nella beneficenza, la sua sicurezza gli è stata conferita da una fantastica

Caterina la Grande

Okay, non so se Kate Middleton sia grande o no, ma quando penso alle ragazze che dimostrano di volersi bene, penso che lei sia una di loro. Perché? Per il modo in cui ha gestito la sua storia d'amore con il principe William. A un primo sguardo, potrebbe sembrare che «Waity Katie», cioè *Aspetta-Katie*, come i tabloid britannici l'hanno soprannominata, sia una specie di mammoletta. Io dico che è proprio il contrario! Solo una ragazza con molta autostima poteva comportarsi come lei.

Dopotutto, persino le coppie normali, che escono da molti anni, litigano su quando e se lui vorrà sposarsi. Nel caso di Kate, un intero Paese stava guardando. Posso immaginarla mentre si scrive una lettera, dopo una grossa litigata con il principe a proposito del loro futuro, per metterla nella sua Scatola dell'Intenzione:

Cara Kate,

sei fantastica, che il principe lo capisca o meno, e meriti di essere regina, che lui ti chieda in moglie oppure no. Quindi rilassati, non hai bisogno di lui per sapere quanto vali. Lo sai già. Questo significa che puoi aspettare fino a quando sarà necessario, perché se non sarà lui, sarà qualcun altro.

Con amore,

Io

(la futura Catherine, Duchessa di Cambridge)

In un certo senso, il lungo corteggiamento è stato più un interminabile tirocinio, perché, se ci pensi, nell'era dei paparazzi probabilmente il *principale* prerequisito per essere la futura regina di Inghilterra – insieme a un utero pronto a sfornare un erede – è tenere sotto controllo i tuoi impulsi. E le ragazze che non si amano raramente hanno i propri impulsi sotto controllo. Per dieci lunghi anni, Kate ha dovuto tenere duro e gestire i propri sentimenti sulla lunga attesa, senza parlare di quelli scatenati dal vedere milioni di ragazze che si gettavano ai piedi del principe. Kate ha dovuto cavarsela. E questo significa che non ha fatto impulsivamente sesso con qualcun altro, non ha mostrato le tette durante le vacanze di primavera, non ha ribaltato il tavolo di un ristorante dalla rabbia, e non ha detto a William di andare a quel paese perché tanto sta diventando calvo. Potrebbe *non* essere stato facile. Una ragazza che ama un uomo più di quanto non ami se stessa sarebbe impazzita, attendendo tutto quel tempo. Ma Kate lo ha fatto e per i suoi sforzi ora è una... duchessa. Che non è, ne sono sicura, quel che aveva in mente. Per avere quello che vuole, essere una principessa o addirittura una regina, deve attendere forse altri dieci anni. Ma Kate ha dimostrato di poterlo fare.

scuola privata, e ha il corpo scolpito per aver giocato tutta la vita a lacrosse. Se quest'uomo fosse una compagnia, sarebbe la Apple, mentre Jasmine sarebbe più una Applebee's.*

* Il gioco di parole è voluto sulla disparità di valore delle due aziende, nonostante la somiglianza del nome. Il 9 agosto del 2011 la Apple è diventata l'azienda di maggior valore al mondo, raggiungendo la cifra di 341,55 miliardi di dollari di valutazione. La Applebee's International, Inc., è una società americana a capo di un franchising di ristoranti; nel 2007 è stata comprata per 1,9 miliardi di dollari. (*N.d.T.*)

È quasi come se Jasmine stesse segretamente provando ad aumentare il valore delle sue azioni, fondendosi con una compagnia molto più interessante e di maggior valore della sua. Almeno fino a quando al mercato la questione interessa.

Ora, sulle prime potresti pensare che Jasmine sia superficiale, ma c'è qualcosa di più. Osservando con maggiore attenzione si vedrà che il motivo per cui vuole un quarterback è che Jasmine proviene da un luogo di *povertà*, cioè crede – nel profondo – di aver bisogno di compensare una mancanza. Quindi vuole qualcuno che sia «più» di lei (ed è lei a definire in che modo). Se non avesse questa convinzione, scoprirebbe che può essere felice con un uomo normale, con una famiglia normale e un lavoro normale.

Ecco come hai la certezza che Jasmine non si considera brava abbastanza: ogni volta che viene «rifiutata» (parole sue), usa quel rifiuto per confermare a se stessa che c'è qualcosa di sbagliato in lei e quindi non potrà mai trovare un gran marito ed essere felice. Conclude, ancora una volta, che non è *abbastanza* – abbastanza carina, abbastanza intelligente, abbastanza di alto livello – per avere l'uomo che desidera.

E in un certo senso ha ragione. Basta una breve incursione nella vita reale per averne la conferma. Se penso a un quarterback, mi viene in mente Tom Brady, il vincitore del Super Bowl che gioca per la squadra dei New England Patriots. E con chi è sposato? Be', ha lasciato una magnifica attrice di Hollywood per una top model ancora più magnifica. E non una top model qualsiasi, *la più famosa top model del mondo.* Lui sa che la sua compagnia è la Apple e merita (per così dire) molto più della Applebee's, e va così.

È la biologia a decidere che bisogna cercare il miglior partner possibile. Ma quando l'intera macchina del non-sono-brava-abbastanza-mi-odio assume il control-

Va tutto bene

Il tuo problema è esattamente ciò che ti serve per risolvere il tuo problema. Eh? Pensa al tuo problema come a una flessione, quell'esercizio che si fa nell'esercito per rendersi più forti, usando come unico strumento se stessi e qualcosa che non si muove, come un pavimento. Nella mia metafora, il problema – cioè l'idea sbagliata che hai di te – è il pavimento. È l'oggetto inamovibile. E quando spingi contro un oggetto inamovibile, tu acquisti forza.

Spingere, in questo esempio, è guardare alla tua falsa opinione – non sei abbastanza – e, invece di scavare, distesa sul pavimento, *opporti* a essa, con la consapevolezza che si tratta di una menzogna. Rispondi usando la verità: *sei abbastanza, proprio qui e proprio ora.*

Ogni volta che lo fai, è una flessione. E se ne fai tante – perché hai deciso di essere molto disciplinata, non permettendo ai pensieri ingannevoli di andarsene in giro per la tua mente a fare quel che vogliono – diventerai più forte. Ecco perché non ti serve liberarti delle idee errate che hai sul tuo conto: devi sfidarle. Perché hanno in sé ciò di cui hai bisogno per crescere. Questa è anche la ragione per cui ci sono persone che dicono: « Va tutto bene ». Persino qualcosa di brutto va bene, perché ti dà l'opportunità di crescere. In questo modo: problema = forza.

lo, si finisce in una situazione come quella di Jasmine. Spende tutte le sue energie per questi uomini – che a loro volta corteggiano donne al di fuori della loro portata – anche se l'orologio ticchetta ed è pronta a sistemarsi.

Se ti vedi nella stessa situazione di Jasmine, non ti preoccupare. Quello con cui hai a che fare è solo la *convinzione* di non essere abbastanza, una convinzione che si può contrastare *perché non è vera.*

Solo che ancora non lo sai.

It's All Good.

Appunti sulla mia vita come moglie tradita

Il mio terzo marito, Paul, mi ha lasciata. Aspetta, cancella. In realtà, l'ho lasciato io, ma lui mi ha tradita e mi ha reso impossibile rimanere con lui. Non è mai facile avere a che fare con l'infedeltà, soprattutto perché quasi sempre sfida la tua convinzione di essere *abbastanza*. Per cominciare, come amante il mio caro ex marito ha scelto una ragazza di ventun anni (grazie!). Io ne avevo quarantuno, e questo – come puoi immaginare – ha rappresentato un altro ostacolo allo sforzo di darmi valore. Ha pure deciso di iniziare la relazione dopo appena nove mesi di matrimonio – o erano otto? – e io mi sono trovata a pensare di aver fatto proprio delle gran belle scelte nella mia vita. E poi c'era il mio background infantile, con l'abbandono, mio padre in prigione e *blablabla*. Non hai bisogno di essere una psicologa per vedere quanto la portatrice d'odio in me fosse pronta a tirare le somme: *non valevo abbastanza e sarebbe sempre stato così.*

Sposare Paul era come fare un grande slam nel gioco dell'odio per me stessa. Vado persino oltre, e dico che è *per questo motivo* che l'ho scelto, perché a livello intuitivo *sapevo* che sarebbe stato perfetto per confermare il convincimento che nutrivo nel profondo, e cioè che quando ami davvero un uomo, lui ti lascerà o farà qualcosa perché sia tu a lasciarlo. Chiaramente avevo seri problemi di autostima o non sarei stata attratta da Paul tanto per cominciare, visto che era un guaio ambulante (anche se *così* carino!).

Ma la vita è talmente raffinata da nascondere sempre la soluzione proprio nella (forse a sua volta nascosta) tasca del problema stesso. L'ho imparato non in teoria, ma perché una domenica pomeriggio ho dovuto affrontare il fatto che una stronza ventunenne stava facendo esplodere il cellulare del mio veramente patetico marito. Tuttavia, alla fine di quella giornata ho capito che in effetti avevo solo due scelte: (1) accettare il fatto che ero senza speranza, una volta per tutte – e gli uomini con me – e diventare acida, o (2) decidere che qualsiasi cosa *stessi pensando* sul mio conto, era basato sulle vecchie convinzioni originate dalla mia infanzia, quindi *false*. E pronte per essere sanate. Ho optato per la numero 2. Ed è stata una buona notizia, perché significava che di fronte a me non c'erano le macerie di un matrimonio andato malissimo e la prova di come fossi condannata per sempre a pessime relazioni, ma una speranza: una gigantesca, bollente quantità di Impara Come Amarti Proprio Ora.

Quel che bisogna sapere sugli uomini

Ricordi quando ho detto che questo libro riguarda molto più te che gli uomini? Dicevo sul serio. Il mio terzo marito mi ha aiutato a capire – e spero tu inizi a fare altrettanto – che, per passare al livello successivo nel gioco delle relazioni, una donna deve assumersi il 100 per cento *della responsabilità* per gli uomini che fanno parte (o no, se è questo il caso) della sua vita; il 101 per cento.

Significa che ammetti di essere stata *tu* a portarli nella tua esistenza, anche quelli pessimi. Non dico che li hai scelti consapevolmente, né che volevi ti trattassero male. Quel che *sto dicendo* è che niente può cambiare fino a quando non capisci che, a un qualche livello, sei stata tu a *scegliere* questi uomini.

Dopo tutti questi anni di matrimoni e relazioni, e fallimenti (o « pre-successi » come li chiamo io), ecco ciò che ho scoperto: *gli uomini riflettono le convinzioni profonde, più inconsapevoli, che nutriamo su noi stesse.*

È quasi come se ogni relazione sentimentale fosse una favola in cui il protagonista maschile è stato ipnotizzato da una strega cattiva perché ti mostrasse quel che sei. Non per ferirti – anche se sembrerà così, fino a quando non ti sveglierai da questo lungo, profondo sonno – ma *perché tu possa curarti e sapere chi sei veramente.*

Okay, forse è un po' troppo junghiano (o forse solo un po' troppo stravagante), perciò fammi provare in un altro modo. Pensa alla relazione con un uomo come a un film che rappresenta il modo in cui ti rapporti con te stessa, proiettato su un ampio muro bianco chiamato Lui (tieni a mente che, di solito, non sa nemmeno di essere parte di quest'esperienza cinematografica). Nel film, tutto ciò che pensi di te stessa – da « Sono grassa » fino a « Sono amabile », con quel che sta in mezzo – verrà fuori magicamente dalla bocca del suo personaggio e manifestato dal suo comportamento. Gli aspetti su cui ti senti sicura, ti verranno rimandati come tali dall'uomo sullo schermo, e se non ti senti sicura l'uomo sullo schermo ti regalerà un abbonamento per la palestra nel giorno di San Valentino (è una storia vera).

Se vuoi sapere ciò che credi intimamente di te stessa, guarda al comportamento e agli atteggiamenti dei vari Lui che hanno popolato la tua vita nel corso degli anni. Vedi qualche schema? Qualche comune denominatore? Forse finisci sempre con un uomo che ti critica, o un tizio che ha la mania del controllo, o un altro che è infedele. È difficile da accettare, ma ti mostra come tu credi di dover essere trattata.

La prima volta che ho sentito quest'idea, ne ho riso:

«Mi prendi in giro?» Tuttavia, capisci che stai avendo a che fare con una convinzione inconscia quando non solo ti pare assurda, ma ti fa anche *arrabbiare*, perché nessuno perde le staffe per qualcosa a meno che nel profondo non senta si tratti, anche solo in parte, della verità.

Comunque, ti sprono a verificare questa eventualità almeno per un minuto. Puoi sempre fare un passo indietro, se non funziona. Perché guardare agli uomini così ti dà potere: quando li osservi, vedi la tua intera vita amorosa in un modo completamente nuovo. È meno: «Accidenti, quell'uomo era proprio un cretino» e più: «Oh mio Dio, è *questo* ciò che penso di me?» Puoi anche verificare i tuoi progressi. Sai che stai migliorando quando migliora il tipo di uomo che attrai, e passi da Pazzo Rabbioso a Qualche Volta Mi Arrabbio Ma È Ancora Possibile Ragionarci Su.

Ovviamente, se hai delle convinzioni inconsce negative su te stessa, vuoi modificarle. Ma come?

Come devi cambiare

Devi *licenziare il tuo ego*. Se pensi di non valere abbastanza, puoi essere certa che il tuo ego è l'amministratore delegato della società chiamata TU. È così che funziona l'ego: paragona costantemente questa cosa con quella e decide quale sia meglio o peggio. Non ci sono uguali nel mondo dell'ego. Gli piace vedere persone, carine come te, sudare. Pensa all'ego del Mago di Oz che, da dietro a una tenda, proietta se stesso su un grande schermo, sembrando spaventoso e intimidatorio; vomita cose piene d'odio, cattive, così può continuare a comandare. L'odio per se stesse non è uno stato naturale, non siamo nate così. L'idea che siamo qualcosa di più o di meno di qualcun altro, o che ci troviamo in una posizione diversa da dove dovremmo, è *sempre* generata dall'ego. (E questo è anche vero per l'uomo che amerai. È il tuo ego che ti dirà che è meglio o peggio di qualcun altro, o meglio o peggio di te.)

Allora, che cos'è l'ego? Prima di tutto, non è la tua *vera* te, sebbene voglia tu pensi che lo sia. Il miglior modo che conosco per descrivere l'ego è: *l'ego è quella parte di te che fa la voce grossa e vive nella tua mente.*

Se l'odio per te stessa è il quattordicesimo clown che esce dell'auto del circo, l'ego è la macchina. È la parte di te che ti spinge a fare e dire cose che finirai col rimpiangere, da spedire quell'email piena di rabbia a tua sorella, perché è « giusto così », a comprare la BMW che non puoi permetterti perché te la « meriti ». Comunque, l'ego non sta dalla tua parte.

E poi? L'ego parla. E parla e parla. Ha una lingua tagliente, come Simon Cowell di *American Idol* o Sue Sylvester in *Glee*. L'ego schiocca le dita a tempo, mentre scuote la testa al tuo indirizzo. Può sembrare intelligente, ma non ha mai nulla di bello da dire.

Fino a quando il protagonista sarà il tuo ego, sarai soggetta ai suoi messaggi negativi, di odio per te, su quello che sei. Sarai soggetta anche a messaggi cattivi sugli altri, come gli uomini con cui vorresti uscire. Se credi a questi messaggi, *non potrai essere una persona gentile e amabile* per gran parte del tuo tempo. Né verso te stessa, né verso chiunque altro. Ovviamente questo avrà un effetto importante sulle tue relazioni. Il punto è che puoi amare un uomo solo tanto quanto ami te stessa. La capacità di essere compassionevole e gentile con qualcuno – anche quando quel qualcuno ha fatto qualcosa di veramente molto stupido, e persino quando quel qualcuno sei tu – viene dalla tua capacità di essere compassionevole e gentile con te stessa. Ecco perché si dice che la gentilezza è *una prolunga*, perché la prendi dal deposito di quella che hai già. E se hai solo un piccolo deposito, scoprirai che difficilmente un matrimonio durerà.

Così dove trovi un deposito più grande?

Dritte spirituali che ti aiuteranno a cambiare

Devi procurarti un po' *d'amore per te stessa*. Se hai mai letto un manuale di autoaiuto o guardato *Oprah*, probabilmente sei così stufa di ascoltare quanto spirituale sia amarsi che magari sei arrivata a considerarlo un orrido cliché. In un certo senso, è così, ma non cambia il fatto che la capacità di volersi bene è interamente collegata alla capacità di vivere una relazione; tanto quanto – e questo è l'unico motivo per cui ne stiamo parlando – la capacità di agire sugli ostacoli che si frappongono tra te e una storia d'amore.

Se sei com'ero io, potresti non essere neppure sicura di cosa voglia dire. Per esempio, la definizione « amare se stessi » è spesso usata come sinonimo di « autostima », ma non sono la stessa cosa.

L'autostima è pensare che quei jeans ti fanno proprio un bel sedere. Se ti vuoi bene, sei gentile con te stessa anche nel caso quei jeans non ti donino.

Per dirla nel modo più semplice possibile: *l'amore per te stessa è quando ti tratti come farebbe un buon genitore o una persona affettuosa.*

Allora, come funziona? Per esempio, quando hai avuto una brutta giornata al lavoro, non ti compri una nuova borsa di Fendi per consolarti, ma sei più *amorevole* nei tuoi confronti, ti dai maggiore rassicurazione e supporto. Ti tratti come i genitori che *avresti voluto avere*: ti dai dei limiti severi, ti aspetti molto da te stessa e coltivi grandi (ma non troppo) ambizioni, perché desideri una bella vita.

Quando accade qualcosa di brutto, te ne prendi la responsabilità, non dai la *colpa* a te o agli altri. E ti tratti nello stesso modo in cui un genitore amorevole farebbe con il figlio, soprattutto quando le cose vanno a rotoli (e questa è la vita, quindi le cose *prima o poi* vanno a rotoli): non ti dici niente di cattivo, non ti dici che sei stupida, o che non te lo meriti, o che c'è qualcosa di sbagliato in te. Non ti dici nulla, insomma, che non ti direbbe Betty White.*

Una serie di impronte

La relazione che hai con te stessa è come una serie di impronte, che permette agli uomini di raggiungerti. Dovunque conducano queste tracce – che sia un luogo di amore per te stessa, oppure di paura – saranno gli uomini con quelle stesse qualità ad arrivare.

Bene, questo lo abbiamo chiarito. Ora torniamo a quanto stavo dicendo sull'amore per se stesse quale importante ingrediente per il cambiamento. Ecco il motivo: perché il cambiamento accada, devi *permetterti di accettare* il fatto che ne hai bisogno. Ma in tanti anni di lavoro con donne che affrontano questo processo – imparare ad amarsi e cambiare – ho notato una cosa. Per permettere a tale consapevolezza di emergere in superficie, occorre comprendere nel profondo qualcos'altro: *puoi continuare ad amarti anche se ammetterai che devi cambiare.*

Mi spiego meglio. In passato non potevo neppure sentirmi dire cosa sbagliavo in una relazione, perché

* Celebre attrice e conduttrice americana, nata nel 1922, vincitrice di sette Emmy Award. In Italia la ricordiamo soprattutto nel ruolo di Catherine Piper, la segretaria omicida del telefilm *Boston Legal*, e per la parte della madre di Stephanie Forrester in *Beautiful*. (*N.d.T.*)

qualsiasi cosa fosse, la conclusione era solo una: non ero amabile! Prima di tutto e più di ogni altra cosa, non riuscivo ad amare me stessa.

Per esempio, un fidanzato una volta mi ha detto che parlavo troppo e che aveva la sensazione di non poter mai partecipare alla conversazione. Si trattava di una critica piuttosto normale e probabilmente era anche vera, ma io *non potevo accettarla* lo stesso. Perché non c'era modo che io mi potessi voler bene come « persona che parla troppo ». Avrei discusso *fino alla morte* per convincerlo che non ero io a parlare troppo, ma lui che non parlava abbastanza e che era un problema suo. Ovviamente. E se potevo infilarci anche qualche osservazione sull'educazione ricevuta dalla sua famiglia disfunzionale per corroborare il mio punto di vista, be' insomma... non era proprio come se avessi torto. Questo porta all'altra grande lamentela dei miei fidanzati: pensavo di aver sempre ragione. Questi sono solo i due problemi più grossi, in cima a una lunga lista di cose che faccio e/o facevo. Sfortunatamente, finché non sono in grado di accettare una critica – visto che, nel caso dovessi ammettere che si tratta della verità, non sarei capace di considerarmi una persona amabile – non posso cambiare.

Potresti chiederti *com'è* amarsi. Be', ecco come funzionava per me. Ogni volta che mi dicevo quanto stupida fossi stata a sposare Paul, mi rispondevo, con calma e tranquillità: « Ti voglio bene, Tracy ». Poi quando mi dicevo (in realtà era il mio ego) che ero vecchia e fallita completamente perché ero stata mollata per una ventunenne, mi ripetevo: « Ti voglio bene, Tracy ». E quando ho capito che dovevo ricominciare tutto da capo a quarantun anni, mi ribadivo: « Ti voglio bene, Tracy ». Lo dicevo ogni volta che avevo un pensiero o un sentimento negativo.

Lo dicevo spesso.

E cercavo di essere sincera. All'inizio sembrava strano, ma gradualmente le parole hanno cominciato a sembrare meno false. Ho cominciato a sperimentare il sentimento che stava dietro quelle parole – *ti voglio bene* – ed era bello. Significava che potevo darmi appoggio e conforto, avere compassione per me stessa, e assicurarmi che tutto sarebbe andato per il verso giusto.

Ha funzionato, e non solo perché mi ha sostenuto nell'immediata conseguenza della rottura. Nel tempo ho capito che non importava cosa potesse accadere in una relazione con un uomo, *sarei comunque stata bene.* E questo, come ho poi scoperto, era ciò che mancava da sempre nei miei rapporti sentimentali.

Quello che tua nonna sa e che le piacerebbe dirti

Ricapitoliamo il capitolo 7:

- ***Ti odi.*** Pensi di non valere abbastanza, e questo influenza il modo in cui permetti a qualcuno di entrare nella tua vita. *Non è vero!* Sei fantastica, anche se totalmente imperfetta.
- ***Gli uomini sono specchi.*** Ti mostrano le convinzioni più profonde che nutri su te stessa. Cerca lo schema che si ripete: su cosa hai bisogno di lavorare per darti più valore?
- ***Licenzia il tuo ego.*** L'ego è la voce grossa nella tua testa, convinta di essere Simon Cowell. Fagli sapere che lo spettacolo è finito e che è ora di tornare a casa. Se credi a quel che ti dice, ti sarà molto difficile essere una persona gentile. Specialmente con un uomo.
- ***Impara ad amarti.*** La capacità di trattarti come farebbe una persona molto dolce è fondamentale per poter vivere una relazione sana. Perché puoi amare qualcuno solo come ami te stessa.

Capitolo 8

Sei bugiarda

Menti a te stessa e altre tragedie

1. Hai detto a qualcuno che non desideri avere una relazione, quando è il contrario?
2. Hai ignorato tutti gli indizi sulla pericolosità di un uomo, solo perché lo volevi a tutti i costi?
3. Hai nascosto alcuni dettagli di una relazione, perché altrimenti i tuoi amici ti direbbero di troncarla?

MAGARI INIZIA COSÌ: incontri un uomo che ti piace. Questo non succede quasi *mai*, quindi anche prima che la vostra conversazione sia conclusa, stai segretamente sperando – in fondo in fondo alla tua mente – che tra voi possa funzionare. Una parte di te, invece, è sicura che non possa essere, perché ci sei già passata un miliardo di volte, e se le cose fossero andate per il verso giusto, adesso non saresti seduta qui, sorseggiando un mojito, chiedendoti se ti piacerebbe vivere nel quartiere in cui lui ti ha appena detto di abitare. Ha anche detto qualcosa che ti ha fatto immediatamente capire come non sia disponibile a una relazione seria; però tu sei stanca di mettere un fermo alle cose prima ancora che inizino, quindi gli dai lo stesso un'occasione. Le persone cambiano idea tutti i momenti. Per di più, è dannatamente *carino*.

Nelle due settimane successive le cose sono passate dalle pomiciate, be', al sesso. Non state proprio insieme, ma ci siete vicini. Andate fuori a cena, al cinema, alle inaugurazioni delle mostre, ma ognuno paga per sé, e tu inviti lui tanto quanto lui invita te. Però ti piace la sua compagnia, e c'è una possibilità che possa trasformarsi in qualcosa di più. Non è così? Ma certo che è così. Le persone cambiano idea tutti i momenti.

Anche se non lo ammetterai mai, sai (in fondo in fondo alla tua mente) che se dovessi dirgli quello che vuoi davvero – un matrimonio, un bambino, una casa – lui sparirebbe. Probabilmente questo stesso pomeriggio. Così gli dici quanto sia perfetta questa situazione, perché tu vuoi solo uscire con lui, e fare sesso senza troppo coinvolgimento! Ti piace fare sesso senza coinvolgimento! E non vuoi affatto una relazione! Ti piace solo uscire con lui!

In altre parole: *menti.* E non hai idea di quanto questo stia influenzando la tua vita amorosa.

Di cosa si tratta

Ci sono migliaia di modi per mentire, in una relazione, ma solo uno conta sul serio: *mentire a te stessa.* Questa è probabilmente la cosa peggiore da fare, per non avere una felice e sana relazione. Perché? Perché rende possibile tutto quanto elencato nei capitoli dal primo al settimo. È il bodyguard – il gendarme, in realtà – dietro ai comportamenti che ti mantengono single. Se non stessi ingannando te stessa, saresti obbligata ad ammettere che il sesso occasionale, la rabbia, la paura, il perfezionismo, la pazzia, e il resto stanno influenzando le tue relazioni, o sono il motivo per cui non ne hai. E non tenerne conto è la ragione per cui non vai da nessuna parte.

La ragione per cui si mente è quasi sempre una: ottenere quel che si vuole. Se esamini seriamente il motivo per cui hai mentito, ti renderai conto che volevi qualcuno o qualcosa e non potevi averli – almeno non con la coscienza a posto – a meno che tu non avessi ingannato loro o te stessa.

Quindi hai fatto quello che pensavi di dover fare; poi la tua mente ha generosamente cancellato ogni prova del tuo crimine, così che non potrai mai scoprirti. Questo processo è così comune che c'è persino una parola apposita per indicarlo: « negazione ».

È fondamentale, per il tuo futuro matrimonio, che ti occupi dei modi in cui menti a te stessa. Una relazione forte richiede due persone sincere, con se stesse e reciprocamente. Un uomo onesto « fiuterà » le tue bugie e ti eviterà. Anche se riesci a darla a bere a un uomo che vuoi, se non si accorge che lo stai imbrogliando, puoi star certa che sta imbrogliando se stesso, in qualche modo. O te. Nessuna delle due opzioni è particolarmente positiva.

Ecco alcune situazioni comuni in cui potresti mentire a te stessa, a proposito di un uomo. Come vedrai, non ce n'è una gran varietà.

- ***È inadatto.*** È sposato. Ha diciannove anni. Gioca d'azzardo. Quale che sia il motivo, una donna meno delusa di te lo rifiuterebbe immediatamente, ma non tu. Tu pensi di rimanere fino a quando il suo problema non sarà risolto... probabilmente da te.
- ***Non succederà.*** È sposato. Ha diciannove anni. Ha un ago che gli penzola dal braccio. Quale che sia il motivo, non ti vuole o, almeno, non abbastanza da affrontare il problema che stai implorando di risolvere al posto suo.
- ***Non è disponibile.*** È sposato. Ha diciannove anni. Guarda film porno tre ore al giorno. Quale che sia il motivo, è impegnato. Lascialo stare. Continua a chiedertelo, ma non lo ascolti, pensi che sia solo

«spaventato» di stare con te, perché ha dei problemi e ha bisogno del tuo aiuto.

Poi c'è la mia bugia preferita:

- ***È solo un amico.*** Lo hai conosciuto sul lavoro, in giro, o forse avete avuto una storia. Quale che sia la situazione, stai pensando: *Be', almeno non guarda film porno tre ore al giorno.* Notiziario flash: si è amici quando *non* si vuole fare sesso con qualcuno. Se vuoi fare sesso con qualcuno – anche solo un pochino – non siete esclusivamente amici. Siete amici che vogliono fare sesso, però non è (ancora) successo. E questo significa che state uscendo per un caffè in amicizia, e forse state persino lavorando insieme su un «progetto» in amicizia, fino al momento in cui scivoli e cadi sul suo pene. Se non lo ammetti, sei immatura e non è strano che tu non sia sposata.

Se stai cercando di metterti con uno qualsiasi dei tipi qui sopra, ci sono buone probabilità che tu stia nascondendo un sacco di dettagli su di lui. Fa parte del gioco della menzogna. Non che tu non parli di lui, con chiunque voglia ascoltare: il tuo terapeuta, l'estetista che ti fa la ceretta, i tuoi quattordicimila amici più stretti. Solo che, opportunamente, ometti le parti più scioccanti della storia. Invece di essere sposato, è separato (mentre vive nella stessa casa e dorme nello stesso letto con sua moglie). Invece di avere diciannove anni, è immaturo (cosa normale se hai diciannove anni). Invece di avere un ago che gli penzola dal braccio, è nervoso (come se nervoso fosse una gran cosa). Smussi il lato negativo fino a quando non sembra quasi una buona cosa. E sei così persuasiva che finisci persino col *crederci* anche tu. Ma non sul serio. Sotto sotto sai che c'è qualcosa di sbagliato. Come lo sai? Perché stai mentendo.

Il secondo inganno più grande

Se «siamo solo amici» è l'inganno più grande, il secondo è pensare che «lui cambierà». Non dimenticherò mai quello che una conoscente (okay, la mia parrucchiera), sposata da molti anni, mi ha detto sei mesi dopo il mio terzo, disastroso matrimonio. Era coniugata da dodici anni, e il suo consiglio numero uno era spaventosamente semplice: *se non dovesse cambiare nulla di sé, vivresti con lui proprio com'è ora?*

Ho sentito dei brividi lungo tutta la schiena, perché la risposta per me era no... o almeno no, senza assumere ansiolitici. Avevo a che fare con un uomo che, se fosse stato un'auto, sarebbe stata gravemente incidentata. Come quando una donna ha tamponato la mia Volvo station-wagon del 1984, che era parcheggiata. Non importa che l'auto fosse fantastica, il fatto che ci fossero due grosse ammaccature su due delle portiere e sul paraurti davanti, mi è costato molto più dei duemilaseicento dollari del suo valore. La mia parrucchiera faceva riferimento a un uomo paragonabile a una Honda in ottimo stato, che però ha bisogno di un nuovo set di coprisedili. O magari di un nuovo paraurti... be', puoi vivere senza queste cose, ma se devi rimpiazzare, per esempio, *il motore?* Forse no.

Non è che gli uomini non cambiano mai. Qualche volta lo fanno, ma solo se lo desiderano. Rendere più seria la relazione – per esempio, andando a vivere insieme, fidanzandosi o sposandosi – quando ancora si spera che il nostro partner cambierà qualcosa di basilare della propria personalità, o che è fondamentale per il nostro (o suo) sistema di valori, è semplicemente pazzesco. Devi partire dal presupposto che l'uomo che hai di fronte rimarrà com'è. E forse è positivo anche per te. Permettere a un uomo di essere quello che è – fino a quando non dovesse decidere di crescere o cambiare, *se* mai dovesse succedere – si chiama « amare qualcuno incondizionatamente ». Questo è ciò che tutti vogliono! Te inclusa. E se lo sogni per te stessa, devi essere disponibile a fare altrettanto per qualcun altro.

Appunti sulla mia vita come donna che ha ignorato ciò che sapeva, a proprio danno

Ho fatto questa esperienza in prima persona. Prendi il mio terzo marito, per esempio. Sapevo fin dall'inizio che la nostra relazione non poteva funzionare, ma facevo finta di non saperlo. Proprio non volevo ammetterlo! Ho nascosto quella che era la pura verità in un piccolo punto, al di fuori della mia vista periferica. Ma anche se avessi potuto accettarlo, non avrebbe avuto importanza, perché io lo volevo! Paul era così figo e bello, e aveva un gran lavoro e un appartamento in cui non potevo fare a meno di immaginare di abitare. Ci siamo frequentati per tre giorni molto intensi, poi gli ho confessato che se avessimo dormito insieme, mi sarei attaccata a lui: gli andava bene? Avevo bisogno di sapere se fosse disponibile a una relazione. Ero anche orgogliosa di me, per essere stata così diretta. Ha funzionato, ma non nel modo che speravo. Paul è immediatamente sparito. Dopo essere stati in contatto quasi costante per tutti i tre giorni della nostra storia appassionata, semplicemente non se n'è saputo più nulla. Ci rimasi malissimo. La cosa non era giustificabile, perché conoscevo a malapena quest'uomo, eppure in qualche modo era entrato nel mio mondo e l'aveva mandato a gambe all'aria. Però non mi sono comportata come al solito: forse per la prima volta, l'ho lasciato andare. Non ho chiamato, non ho scritto, non l'ho incontrato « accidentalmente ». Non gli ho dato la caccia in nessun modo.

Era una specie di miracolo, perché il mio schema abituale di corteggiamento – quando non sono sposata – era (1) struggermi per qualcuno o (2) dare la caccia a qualcuno. Mi comportavo come se « amore » volesse dire intrallazzare perché un uomo capisse quanto ero fantastica. Ma a trentanove anni, cominciavo a capire alcuni degli errori che avevo fatto con gli uomini, e dare loro la caccia era in cima alla lista. Paul aveva messo in chiaro che, per il momento, non era interessato, e io mi ero esercitata a lasciarlo andare. Sììì, proprio io! Mi sentivo come se stessi davvero crescendo, e sotto diversi punti di vista era vero. Così immagina la mia contentezza quando, cinque settimane più tardi, questa nuova tecnica si è rivelata efficace oltre ogni speranza: Paul mi ha telefonato! Mi ha detto che mi aveva pensato e mi ha chiesto se potevamo riprovarci. Ovviamente ero felice.

Ma sotto il livello della mia eccitazione, c'era una sensazione davvero insistente alla bocca dello stomaco che diceva: *questo è un grosso guaio. Questa relazione non funzionerà. Quest'uomo non sa quello che sta facendo e mi trascinerà a fondo con lui.* Però, qualche volta imparare è una specie di passo del gambero, due-avanti-e-uno-indietro. Non volevo rinunciare ancora a Paul, quindi sono andata avanti, contro la mia consapevolezza interiore, contro la mia verità profonda.

Tecnicamente ho ascoltato la sensazione; solo che non ho fatto nulla al riguardo. L'ho lasciata lì mentre uscivamo, mi trasferivo da lui, poi lo sposavo... tutto nel giro di dieci mesi. E nove mesi dopo, ho scoperto che mi tradiva. *Bleah*.

In questa storia c'è molto di più, ovviamente, ma mi prendo l'intera responsabilità di quanto è accaduto per quanto riguarda la mia parte, perché conoscevo la verità, ma ho rapidamente fatto finta di non saperla più. Paul non era un grand'uomo sotto molti punti di vista, ma se fossi stata capace di essere onesta con me stessa, ciò non avrebbe avuto alcun effetto su di me. Sono io ad aver aperto la porta alle sue stronzate quando mi sono detta delle balle.

Quando me ne assumo la responsabilità, dichiaro che non devo farlo mai più! Perché, secondo la mia esperienza, le schifezze pessime non accadono e basta: prima ci sono molti segnali di pericolo. Sui quali io mi sono raccontata tante frottole.

Perché Claire non è sposata

Una ragazza con cui lavoravo può raccontare un'altra storia. A trentatré anni, Claire è vissuta ufficiosamente con Jason – lui aveva una casa sua, ma non ci stava mai – per più di due anni, quando «insieme» hanno finalmente deciso che «avrebbe avuto molto più senso» traslocare nella stessa abitazione. Però convivere non era stata un'idea di Jason, e lui non le stava proponendo di sposarlo. Anche se nessuno dei due lo stava ammettendo esplicitamente, l'intero progetto era di Claire. Dopo meno di due mesi dal trasferimento, in un appartamento più grande, migliore – che rappresentava l'impegno di una vita insieme – Jason se n'è andato. Non era ancora pronto per quel tipo d'impegno, e spostarsi nel nuovo appartamento lo ha costretto ad ammetterlo con se stesso. Ma Jason non si è limitato ad andarsene: nel frattempo ha deciso di avere una storia con una donna molto più giovane. Il fatto che Jason abbia fatto di tutto per bruciare i ponti, avrebbe dovuto costringere Claire a riconoscere che lui non aveva mai avuto alcun desiderio di sposarla.

Più di un anno dopo, Claire era ancora furiosa con lui. Sentiva che Jason l'aveva imbrogliata, e – sebbene lui fosse responsabile per il 50 per cento di quanto era accaduto – aveva potuto ingannarla solo perché lei si stava ingannando da sola.

Se fosse stata più attenta, Claire avrebbe capito che il suo desiderio di trasferirsi in un appartamento più grande nasceva *proprio perché* Jason non era coinvolto, lei lo sapeva e voleva forzare la situazione. Sperava che il nuovo appartamento *avrebbe portato* l'impegno invece di essere *il risultato* dell'impegno. Aveva capovolto l'ordine delle cose.

Fino a quando non ammetterà di aver sempre saputo che Jason non era coinvolto, Claire può continuare a fare la vittima e accusare Jason di essere un uomo cattivo. In realtà, Jason è colui che ha detto a voce alta ciò che entrambi sapevano. Non l'ha gestita bene, avendo una storia parallela, ma la sua infedeltà non ha cambiato il problema di fondo di Claire: che Jason non l'avrebbe scelta come moglie, e che lei lo stava negando a se stessa.

Ancora una volta dobbiamo tornare al principio di cui abbiamo parlato nel capitolo 2: *incontriamo sempre chi ci corrisponde.* Claire e Jason stavano entrambi imbrogliando: Jason imbrogliava Claire e Claire imbrogliava se stessa. La verità era proprio lì davanti, ma Claire non voleva vederla. E non voler accettare la verità è l'altra faccia della medaglia del non volerla dire.

Purtroppo la rabbia costante di Claire contro Jason indica che non ha ancora ammesso la sua parte di responsabilità, che sta mentendo a se stessa. E fino a quando continua così, non è pronta a sposarsi.

Nessun secondo appuntamento

Ho avuto questo tipo di relazione: lui è venuto a casa mia per vedere un film su videocassetta (molto tempo fa), e *non se n'è andato*. Non abbiamo avuto un secondo appuntamento perché il primo, fondamentalmente, non è mai finito! Dopo un paio di mesi abbiamo capito che stavamo vivendo insieme. Sì, lui divideva l'appartamento con un coinquilino, ma non lo usava. Dopo un anno, lo abbiamo reso ufficiale e ci siamo trasferiti insieme, cambiando l'indirizzo sul certificato di residenza.

Non sarai sorpresa di sapere che la relazione non ha avuto un bell'epilogo. È finita quando ho capito che, almeno per quanto mi riguardava, io ero la sua fidanzata, invece lui stava ancora «frequentandomi». E questo perché, per lui, io non ero quella giusta. Sorpresa! Non lo ha mai detto apertamente, ma col passare del tempo è diventato ovvio. Naturalmente ero piuttosto arrabbiata. Alla fine, però, ho dovuto analizzare cosa era successo e non era un mistero: dopotutto, *non abbiamo mai avuto un secondo appuntamento*. Ecco cos'era successo. «Vivendo insieme» fin dal primo appuntamento, non ho mai dovuto affrontare i dubbi che nutrivo sulla nostra relazione. È iniziata così, e noi ci siamo semplicemente trovati dentro.

Ho sempre avuto difficoltà con gli stadi iniziali di una relazione, perché è il momento in cui sono molto angosciata circa la sua tenuta. Ho una gran fretta di passare alla fase due o tre: cioè quando sai che starete insieme per sempre. È una delle ragioni più importanti per cui ho sempre voluto sposarmi. Ho sempre pensato (un po' immaturamente) che se io e il mio partner dichiaravamo il nostro impegno per la vita, sarebbe stato sufficiente.

Vivere insieme dal giorno n. 1 era il mio miglior piano B. Credevo che questo avrebbe dissolto i miei dubbi, ma quel che è effettivamente successo è stato che li ho ignorati per tre anni, fino a quando non si è materializzata la peggiore delle ipotesi, e io e il mio ragazzo abbiamo affrontato la verità: per farcela insieme doveva esserci un coinvolgimento genuino. Che ho scoperto non esserci. È stata una lezione dolorosa, ma una volta capito bene cosa è successo, non avrò bisogno di impararlo di nuovo.

Quel che bisogna sapere sugli uomini

Parliamo un po' di come si comportano gli uomini. Secondo la mia esperienza, molti uomini non ti mentiranno. Almeno non direttamente. Possono girare intorno a certi argomenti, ma non ti dicono *sì* intendendo *no*, quando di punto in bianco chiedi loro se sono interessati a sposarsi a breve.

Quel che faranno è lasciare che tu menta a te stessa. Poniamo che tu sia molto convincente mentre dichiari che saresti interessata ad avere un amico-con-benefit. Un uomo potrebbe imbrogliare se stesso, convincendosi che sai di cosa stai parlando, anche se questo genere di rapporto non ha funzionato con le ultime tre donne con cui ci ha provato (almeno non dopo il primo mese di frequentazione). Ma alla fine queste situazioni diventano troppo scomode (o dolorose) per molti uomini, tanto che imparano a capire se una donna è *davvero* capace di un'amicizia con benefit, oppure sta segretamente provando a passare da lavoratrice interinale a dipendente a tempo indeterminato, se il lavoro la entusiasma.

C'è qualcosa di molto più pericoloso che mentire, e talvolta gli uomini lo fanno, cioè si comportano come Jason: sembrano coinvolti, anche se non è necessariamente vero.

Vengono a vivere con te, parlano del futuro, possono persino pagare la metà di qualche mobile importante, ma in fondo al loro cuore stanno ancora «uscendo» con te. Ho un amico che lo chiama «frequentazione approfondita». Succede quando un uomo si prende il tempo necessario per verificare l'idea che ha di te e della vita che potreste avere insieme. Quando ha cercato di spiegarmelo, il mio amico ha prodotto questo diagramma:

1
10
100
1.000
10.000

Ognuno di questi numeri rappresenta un punto della relazione: quante volte hai fatto sesso con lui. (Che posso dire? Qualche volta è così che ragionano gli uomini.) A ogni livello, un uomo acquisisce una diversa idea di ciò che è la vostra relazione e di ciò che può diventare. Ai numeri 1, 10 e 100, non ha ancora (almeno nella sua mente) abbastanza informazioni per un impegno a vita. Anche se lo hai già lasciato trasferirsi nel tuo appartamento (come ho detto, probabilmente non avresti dovuto).

Il problema è che viviamo in una cultura che potremmo definire della monogamia compulsiva, e cioè che se sei una donna come me, *non* fai sesso per più di cento volte con un uomo se non è ufficialmente il tuo compagno. Questo mette un uomo in una posizione per lui difficile, sia che accetti una storia monogamica, mentre si sta ancora facendo un'idea su una possibile relazione con te a lungo termine, sia che ti dica la verità (ci sta ancora pensando su, e sono già passati dieci mesi), e per questo ti veda andartene alla ricerca di qualcun altro, che risponda alle tue necessità.

Secondo il mio amico – il quale, tieni conto, è un biologo – questo conduce uomini e donne a una specie di corsa agli armamenti matrimonio-e-corteggiamento, in cui al missile intercontinentale del tuo rifiuto di fare cento volte sesso con lui al di fuori di una relazione seria, l'uomo risponde con il suo scudo difensivo da Guerre Stellari: la frequentazione approfondita.

Ti racconto questo non perché mi piaccia, ma perché penso che accada spesso. È la ragione per cui, a trentatré o trentacinque o trentanove anni, una donna qualche volta si trova a chiudere con un uomo con cui ha vissuto (magari per anni), perché pensava che si sarebbero sposati, mentre salta fuori che lui la stava solo «frequentando».

La frequentava approfonditamente.

Ci sono solo due cose che puoi fare per difenderti. Uno: *non andare a vivere con un uomo senza sposarlo, a meno che non t'importi se non lo sposerai mai.* Come dico sempre: un uomo raramente cambia, mentre ci vai a letto e gli cucini la cena. E, due: devi *essere onesta.* Con te stessa, e con gli uomini.

Come devi cambiare

Diventare onesta è più facile a dirsi che a farsi. Prima di tutto, devi imparare a capire quando stai mentendo. C'è qualcosa nella psiche umana che funziona molto bene, quando si tratta di non sapere quel che non si vuole sapere. Il nostro cervello si è evoluto per milioni di anni per assicurarsi che ti interessi soprattutto raccogliere uno sperma particolarmente gagliardo. E se devi mentirti per farlo, va bene lo stesso. Alla Natura non frega nulla.

Ma la vita moderna è molto più complicata di così. Viviamo più a lungo, i matrimoni durano più a lungo di quelli dei nostri antenati di Neanderthal, e per essere felici con i nostri coniugi dobbiamo sceglierli saggiamente. Al giorno d'oggi avere un matrimonio felice vuol dire più che avere dei figli e cacciare leoni. Serve sapere chi siamo, con chi stiamo, ed essere sicure (al meglio delle nostre capacità: nessuno ha una sfera di cristallo) che siamo fatti l'uno per l'altra.

Sono sempre in grado di dire quando una donna si sta mentendo a proposito di una relazione. Nella sua conversazione metterà dichiarazioni che razionalizzano, minimizzano, giustificano e negano quello che un uomo sta dicendo o facendo, o *non* dicendo o non facendo. Mi dice che lui non beve *così* tanto, e che lei sta uscendo con lui solo perché il suo matrimonio è finito da *anni*, o che è sicura che lui la ami sebbene nulla nel suo comportamento lo dimostri. Quando ti senti trovare questo genere di scuse, è il momento di sventolare una bandiera rossa davanti al tuo viso, perché puoi star certa che, senza alcun tipo di intervento, la tua storia avrà dei guai, e la persona che dovrà affrontarne le conseguenze sei tu.

Ecco un altro indizio del fatto che forse è il momento di metterti a sedere e cominciare a essere onesta: quando con le amiche hai conversazioni del tutto differenti rispetto a quelle che hai con il tuo uomo. Se parli del tuo partner alle amiche e dici cose che non avresti il coraggio di confessare a lui – i dubbi e le critiche più importanti – devi prestare attenzione. È saggio cercare di non ferire qualcun altro senza motivo, ma se quelle che stai raccontando sono ragioni degne di una rottura e non ne discuti con il partner, allora stai mentendo.

Alla peggio, le bugie non permettono all'altro di avere le informazioni necessarie a prendere la miglior decisione per la propria vita. Un esempio ovvio: non dico che ho l'herpes. Un esempio meno ovvio: non dico che ciò che voglio è un uomo che sia anche un luterano. L'esempio più comune fra tutti: sto cercando una relazione a lungo termine e non m'importa se tu non la stai cercando; ti frequento lo stesso. Un buon matrimonio richiede un certo livello d'integrità e, se stai facendo qualcuna di queste cose, non lo otterrai.

Un altro modo per mentirsi – che può seriamente danneggiare la prospettiva di un matrimonio – è correre dietro un uomo che sappiamo non possiamo, non ci riuscirà di, o non vogliamo sposare. Una volta ho frequentato per *anni* un uomo che, se devo essere sincera, sapevo non essere quello giusto da portare all'altare (nel mio caso, sarebbe stato il quarto marito). *Sapevo* che non andava bene per me, ma non ero ancora pronta a lasciarlo andare.

Questo accade spesso. Non si rimane sorpresi scoprendo che non voler lasciare andare è (ovviamente) la ragione principale per cui le persone continuano a rimanere. Il motivo sta nella paura: paura che non troverai mai qualcun altro, o paura che, se ti guarderai indietro, rimpiangerai di aver lasciato andare l'uomo che *avevi*. Persino se non sei sicura di volere davvero quella persona in particolare, non vuoi perdere la tua opzione su di lei. Si tratta di situazioni poco chiare, anche perché capita che tu non sia sicura se dovresti finalmente sistemarti con l'uomo di fronte a te (o solo accontentarti), o se dovresti puntare su qualcos'altro. Effettivamente, può essere una domanda cui è difficile rispondere, ma se sei davvero onesta con te stessa, sta' certa che ti accorgerai quando avrai la risposta.

L'altra cosa che potresti sperare è che lui si svegli e capisca che tu sei la sua Lei. Mi dispiace, ma ho una brutta notizia per te: non lo scoprirà mai, perché sa già che non lo sei. Anche tu lo sai, o non ti saresti raccontata delle balle su di lui. Passo un sacco di tempo a parlare con gli uomini, su cosa li spinga a passare da una frequentazione senza impegno al matrimonio. Nella maggior parte dei casi, dicono di sapere quasi immediatamente se potrebbero avere una relazione seria con quella donna. In questo caso, portano avanti la relazione; al contrario, fanno poco – magari qualche telefonata o mandano qualche messaggio senza entusiasmo, sperando in un po' di sesso senza complicazioni – oppure non fanno nulla.

A questo punto, magari ti chiedi cosa dovresti fare quando capisci che ti stai raccontando delle balle. Ce n'è una sola, veramente utile: vattene. Potrebbe non essere facile. Non c'è nulla nel mondo delle relazioni – e non esagero – di più difficile che lasciare un uomo che ti piace sul serio, specialmente se sei stata bene con lui, una volta o cinque o sei. È ancora più arduo se hai avuto degli orgasmi multipli. Un sacco di ragazze farebbero acrobazie, come quando si gioca a Twister — il piede destro sul rosso, il piede sinistro sul verde, la mano destra sul giallo – per continuare a godere della compagnia di quell'uomo. Ci deve pur essere un modo per gestire quella parte della relazione che non è gestibile! Forse se lo vedi solo nei weekend o magari una volta al mese...? È difficile lasciar andare qualcuno!

Ma devi farlo, se vuoi continuare sulla tua strada. Una parte di te continuerà a sperare che sia solo temporaneo, e qualche volta è vero. Capita più spesso quando un uomo non vuole impegnarsi, cambiare o evolvere in maniera importante, però è consapevole di amarti per davvero. La chiave è che *lui* sa di amarti, non che *tu* sai che lui ti ama. Se questa è la situazione in cui ti trovi, lascialo. Ma lascialo del tutto: nessuna telefonata, messaggio, email o, Dio non voglia, sesso telefonico. Se si deve risvegliare l'amore che ha per te, succederà nel giro di un mese o due. Se passa molto più tempo, devi pensare che non tornerà. Allora puoi farti un bel pianto, tenerti molto impegnata per un po' e magari organizzare un weekend di sole donne a Santa Barbara. Non sarà divertente, ma la buona notizia è che – dato che sei stata disciplinata nel non chiamare, mandare messaggi, email, o Dio non voglia, fare sesso telefonico – a quel punto sarai sulla strada di dimenticarlo.

Ciò che *non puoi* fare è imbrogliare l'universo. Se stai fingendo con te stessa, dicendoti che hai chiuso completamente con lui, ma in realtà gli stai ancora tenendo il posto, allora non ti stai muovendo. Quindi assicurati del fatto che ti stai dicendo tutta la verità, perché hai preso un impegno con te stessa, e vali quello sforzo.

Dritte spirituali che ti aiuteranno a cambiare

La chiave è *conosci te stessa.* Per smettere di imbrogliarsi occorre iniziare un processo di comprensione di chi sei e di cosa ti serve... in un uomo, nella vita. Se sai chi sei, è meno probabile che tu faccia – in realtà, sei meno *capace* di fare – cose che sai non essere giuste o positive per te. Devi solo aprire gli occhi su te stessa. E per farlo devi *scavare.*

Scoprire la verità su di te è un processo simile a uno scavo archeologico. Inizi a cercare aree di cui sei inconsapevole. Un metodo per sapere dove sono sepolte delle magagne è prestare attenzione a quel che la gente dice di te e che, come ho detto più sopra, non solo trovi assurdo, ma che *ti fa infuriare.* Come ciò che è contenuto in questo libro. Qualsiasi cosa faccia accelerare un po' il tuo cuore, qualsiasi cosa ti faccia venire voglia di scrivermi un'email appassionata o difensiva o arrabbiata su quanto io abbia torto: quelle sono le maniglie dei vasi rotti che spuntano dal terreno. Inizia a scavare. Poi, verifica cosa innesca reazioni emotive più grandi di quel che dovrebbero nell'ambito delle tue relazioni sentimentali. Quando pensi che qualcuno ti stia mentendo? Quando questo qualcuno è condiscendente? Quando è egoista? C'è un modo di dire: « Se sono isterica, è storico ».* Dovrai diventare consapevole di questi meccanismi, se vuoi smettere di raccontarti frottole, che è il modo in cui la mente tiene verità o consapevolezze dolorose lontano dal tuo sguardo.

Sii preparata a impegnarti in questo processo per un lungo tempo, probabilmente per il resto della tua vita. Perché quando cominci a spazzare via, con attenzione, tutto lo sporco intorno a quelle maniglie di vasi rotti, capisci ben presto che *c'è una dannata intera città lì sotto*! (Già, si chiama essere « umani ».) Scavare con cautela questi antichi manufatti è il lavoro di una vita. E, seriamente, cos'hai da fare di più importante di questo? Andare al cinema? La verità ti renderà libera.

È importante voler sapere. Questo rappresenta il pezzo finale del puzzle della menzogna. È cruciale iniziare a lasciar entrare nella tua mente quel che la paura cerca di tenere fuori. Non è difficile da capire, perché il tuo subconscio spinge ciò che ti può causare dolore al sicuro, fuori dalla tua coscienza: la verità ferisce. Però, per quanto dolorosa possa essere, la verità ferisce solo per un minuto, se si compara con l'intera durata di una vita. Mentire invece ferisce *per sempre*, perché ti tiene perpetuamente bloccata in situazioni che non funzionano.

Così, da dove s'inizia? C'è un solo modo. Mentre stai facendo qualcosa meccanicamente, come guidare, lava-

* *If I'm hysterical, it's historical* fa riferimento al fatto che l'intensità di una reazione potrebbe non dipendere dalla situazione attuale, bensì dalle emozioni sepolte nella nostra infanzia, tornate improvvisamente a galla. (*N.d.T.*)

re i piatti, lavorare a maglia o camminare, poniti questa domanda: « Di cosa non mi sto rendendo conto? »

Poi smetti di pensarci. Torna alle tue attività abituali. Mentre continui a fare giardinaggio, mentre pieghi i vestiti, lavi l'auto o qualsiasi altra cosa tu stia facendo, potresti notare una specie di risposta che trabocca, spumeggiando, in superficie. Qualche volta è un'immagine, una frase o una parola. Non ti preoccupare se all'inizio non decodifichi il messaggio. Se ti poni con regolarità domande come: « Cosa ho bisogno di sapere per progredire nella mia vita? », inizierai per certo un dialogo con la parte della tua mente in cui si trovano le informazioni che già conosci, ma non pensi di essere pronta ad accettare. Quella parte della tua mente sta solo aspettando che tu sia pronta a saperne di più, però, dato che abbiamo il libero arbitrio (o almeno così sembrerebbe), dobbiamo *chiedere*. Sembra strano, ma funziona.

Una volta che ci hai preso la mano, puoi passare al secondo livello di questo esercizio. Prima di andare a dormire, chiedi un sogno che risponda alla domanda per la quale non hai una risposta: « È Tizio l'uomo per me? Sto negando la verità su di lui? » Fallo sino a quando non cominci ad acquisire un po' di chiarezza. Non ci vorrà molto. La mente ha sempre il modo per rivelarti quello che hai bisogno di sapere, nel momento in cui sei disponibile a saperlo.

Un altro buon modo per dialogare con la tua mente inconscia è utile soprattutto in quei momenti in cui provi un vago senso di malessere o disagio, ma non sai esattamente di cosa si tratti. Prenditi una mezz'ora per stenderti a letto, tira su le coperte e chiedi alla tua mente cosa sta cercando di dirti. Domandati solo: « Cosa sta succedendo? Cosa sta avvenendo qui? » Poi resta tranquillamente stesa e osserva cosa viene a galla. Presta attenzione ai pensieri che si presentano. Potrebbe essere un po' come leggere un sogno, ma se lo fai con regolarità, resterai sorpresa da quante informazioni troverai sulle tue relazioni e sulla tua vita.

Quello che la tua ex migliore amica voleva dirti, ma non ha mai fatto

Ricapitoliamo ora il capitolo 8:

- ***Sei una bugiarda.*** Sei disonesta con gli uomini e, più importante, con te stessa, e questo ti sta impedendo di comprendere le conseguenze del tuo comportamento.
- ***Sii onesta.*** Dire a un uomo che vuoi un'amicizia con benefit, quando invece quello che vuoi davvero una relazione, è mentire. Inoltre, manca di qualsiasi dignità, cioè è un rapporto sentimentale paragonabile al chiedere di fare volontariato in un'azienda che non vuole assumerti.
- ***Verifica te stessa.*** Se ti senti razionalizzare, minimizzare, giustificare o negare il comportamento di un uomo, puoi stare sicura che c'è qualcosa che non va. È allora che ci si comincia a imbrogliare. Non significa che devi lasciare quell'uomo, ma che devi svegliarti.
- ***Scava.*** È il modo migliore per evitare di imbrogliarsi da sole. Inizia un dialogo con la parte della tua mente che sa sempre la verità. Sii desiderosa di scoprire cosa c'è sotto il livello della tua consapevolezza.

Capitolo 9

Ti comporti come un uomo

Come prendere contatto con la tua femminilità e accettare che tu sei il «premio»

1. Di tanto in tanto ti sembra che – se non fosse per il sesso – non avresti bisogno di un uomo?
2. Quando incontri qualcuno che ti piace, tendi a dargli la caccia oppure cerchi di rendergli facile chiederti un appuntamento?
3. Qualche volta fai sesso perché così ti sembra di avere maggior controllo su una nuova relazione?

POSSIAMO PARLARE DI BEYONCÉ per un minuto? Non del fatto che sia bellissima, piena di talento, potente e ricca (tanto ricca!). Neppure del suo essere sposata con un uomo molto famoso, con cui ha avuto una bambina (Jay-Z, e la figlia si chiama Blue Ivy, in caso non vi siate mai interessate di gossip). O che non sarei sorpresa se lei e la madre avessero trovato il modo di farle crescere i capelli biondi, in aggiunta a tutto quello che stanno facendo con la loro linea di abbigliamento. Tutto ciò è interessante, ma non è questo il motivo per cui sto dedicando un intero paragrafo a una pop star nel mio libro divertente di autoaiuto, da sorella maggiore, da amica del cuore, di tipo spirituale, ma guidato dal senso pratico, sul perché non sei sposata.

Il motivo per cui lo faccio è che Beyoncé corrisponde a una Christiane Amanpour che canta e balla: un'inviata che porta notizie dal fronte uomo/donna. Le sue canzoni di maggior successo –*Independent Women, Run the World (Girls)* e, soprattutto, l'onnipresente *Single Ladies*

(Put a Ring on It) – parlano di qualcosa di così basilare, così radicale, così importante e *correggibile*, su ciò che sta accadendo alle donne americane, che voglio dedicargli un intero capitolo.

Se non ti riconosci esattamente in nessuno degli altri identikit di cui abbiamo parlato, e cominci a sospettare che in te ci sia un aspetto intangibile che sta tenendo lontano l'amore, ma non hai idea di cosa possa essere, quasi certamente questo qualcosa c'entra, e probabilmente in maniera importante. *Ti comporti come un uomo.*

Ascolta con attenzione quelle canzoni di Beyoncé: le donne di cui parlano sono totalmente autosufficienti. Fanno soldi, si comprano da sole ciò che desiderano, fanno sesso e, quando hanno finito, dicono agli uomini di tornarsene a casa. Non che sia una brutta cosa, e non dobbiamo tornare tutti indietro nel tempo, quando le donne dipendevano totalmente dagli uomini, ma c'è qualcuno veramente sorpreso dal fatto che il tizio nella canzone *Single Ladies* non le metta l'anello all'anulare? Bisognerebbe chiedersi, invece: perché dovrebbe? Non hai bisogno di lui, per nessun motivo! È risaputo che agli uomini piace *fare* delle cose, non gli interessa girarti intorno e guardarti mentre le fai tu.

L'intera questione del *comportarsi-come-un-uomo* mi porta a uno dei grandi segreti nel mondo delle coppie, e a una delle ragioni per cui sono certa che tu sia più vicina di quanto non immagini a trovare il tuo partner perfettamente imperfetto. Non devi essere una bellezza da copertina per trovare un gran marito. Puoi essere una ragazza normale, che viene da Cincinnati, ma se hai questa sola caratteristica di cui parlerò per l'intero capitolo, allora scoprirai che gli uomini saranno attratti da te come mai prima d'ora. E la buona notizia è *che già la possiedi.* Tutte ce l'hanno. Ci sei nata. Devi solo lasciarla... accadere.

Di cosa si tratta

Sto parlando della tua *femminilità interiore*. Alcune persone la chiamano « energia femminile », « il principio femminile », il « femminile sacro » o forse qualcosa di assurdo come « l'io femminile selvaggio », ma il significato è fondamentalmente lo stesso: si tratta di radicarsi nel *lato femminile della vita*. È così importante che d'ora in poi lo chiamerò « Femminile », con la F maiuscola.

Allora, cos'è il Femminile? Be', non riguarda (per forza) balze, tacchi alti o romantiche illusioni. Il Femminile di cui sto parlando è qualcosa che hanno sia gli uomini sia le donne, proprio come entrambi possiedono un lato Maschile, e come la Terra ha il Polo Nord e il Polo Sud: gli opposti si attraggono.

I cinesi hanno trovato un simbolo per illustrare questa polarità maschile/femminile: lo yin/yang. Lo avete visto, probabilmente in una libreria vicino ai cristalli, o come tatuaggio su una ragazza che odora di patchouli. Il suo aspetto è questo:

Yin = Femminile. Yang = Maschile. Nella filosofia orientale queste due « cose » (uso la parola « cose » in maniera approssimativa) non sono separate od opposte, ma interdipendenti, fanno *parte di un intero*: nuotano insieme, rincorrendosi l'un l'altra, inseparabili. Sono *energie* che sembrano antitetiche, ma in realtà sono collegate, come le oscillazioni di un'altalena. Le relazioni intime contengono sempre un'interazione tra queste due forze, il Maschile e il Femminile. Entrambe le persone coinvolte in una relazione non possono giocare lo stesso ruolo nello stesso momento, proprio come entrambe le persone in una sala da ballo non possono andare contemporaneamente all'indietro, o due persone non possono guidare la stessa macchina nel medesimo instante. E tutto questo non riguarda l'orientamento sessuale. Vale anche per le coppie dello stesso sesso, tanto quanto per le coppie uomo-donna.

Probabilmente a livello intuitivo conosci già queste due energie, ma voglio dirti qualcosa di più su come funzionano. Il Maschile conquista le cose. *Pensa* alle cose (inteso come opposto di *sentirle*), discute, costruisce ponti e grattacieli, tiene i punti, fa soldi, va sulla luna e gioca per *vincere*. È duro e asciutto. Vuole sentirsi svincolato: in un luogo tutto suo, o guardando la partita, o seduto vicino ad altri uomini, senza dire niente di particolare. Soprattutto, vuole essere libero.

Il Femminile è il motivo per cui stai leggendo questo libro. Riguarda le relazioni, i legami, l'impulso di amare e di nutrire. Il Femminile vuole creare una casa, curare un giardino, avere una famiglia, appendere tende, e comprendere profondamente le persone che ha intorno. Vuole stare in una comunità – specialmente con altre donne – e costruire società limitando il Maschile perché, senza la presenza del Femminile, questo può essere portato a vedere persone e cose (per esempio, la Terra) come risorse da sfruttare, invece che da curare. Il Femminile è morbido, selvaggio, imprevedibile e bellissimo, come la natura. Più di ogni altra cosa, il Femminile vuole amare. Quando inizia una relazione, queste due energie si attraggono. E liberano l'una il potere dell'altra.

Il problema è questo: se sei una normale ragazza, che va al lavoro ogni giorno ed è concentrata nell'eseguire i propri compiti, realizzandoli in modo spedito, rigoroso e determinato, passi la maggior parte delle ore di veglia nel tuo Maschile. E se passi la maggior parte delle ore di veglia nel tuo Maschile, senza far nulla per costruire il tuo Femminile, ti puoi trovare a trent'anni con molto da offrire a un uomo, più di quanto non sia mai accaduto in passato; ma parrebbe anche che tu abbia una minore capacità di attrarne uno. E non perché stai invecchiando. È che hai sviluppato troppo la tua parte Maschile.

Noti questo fenomeno in particolare nelle donne in carriera (e lo dico da donna in carriera). Le qualità che servono per sviluppare una vita professionale di successo sono proprio quelle che incasineranno la tua vita sentimentale. Questo *non* vuol dire che credo che le donne dovrebbero lasciare il proprio lavoro e unirsi a un gruppo femminile che produce coperte fatte a mano. È troppo semplicistico. Significa che il tuo Femminile è un dono, e quel dono sei *tu* – la donna nella relazione – a portarlo (come faresti con uno stufato a una cena in cui tutti contribuiscono con qualcosa), spesso senza neppure saperlo. Anche un uomo *potrebbe* farlo; è solo che, parlando in generale, non succederà. E non vuole neppure farlo succedere.

Nella mia mente, cercare di far condurre una relazione dal tuo lato Maschile è come far scrivere un destrimano con la sinistra: si può fare, ma è più difficile. Il Maschile non è il centro del tuo potere in quanto donna. Perciò, come ti muovi nel Femminile? Be', all'inizio, esercitare il principio Femminile in una relazione sembrerà l'Opposite Day.* Devi smettere di fare cose che ti vengono naturali, tanto che forse non sai neppure di farle. E poi devi iniziare a farne altre che, inizialmente, ti daranno fastidio. Ecco alcuni esempi di quello che dovrai voler fare:

* *Opposite Day* è un gioco in cui ogni dichiarazione fatta ha un significato opposto a quello abituale. Si tratta di un gioco solitamente per bambini. (*N.d.T.*)

1. *Avere bisogno di lui.* Prima ho detto, scherzando, che agli uomini piace fare delle cose, ed è vero. Ma il desiderio di *fare* viene da un bisogno più profondo: esserti utile. E se non hai bisogno di un uomo, lui non può esserti utile. Quando dico «aver bisogno», non intendo *essere bisognosa.* Intendo lasciare che lui ti aiuti. Lasciare che sia importante per te. Gli devi permettere di prendere un posto importante nel tuo cuore, al punto che, se dovesse andarsene, soffriresti. Se non ti può fare male, sei ancora troppo sulla difensiva.
2. *Smetterla di discutere.* Se mi somigli, è davvero difficile. Quando stai parlando con un uomo e stai cercando di avere ragione a tutti i costi, sei nella tua energia Maschile. Va bene quando sei al lavoro, ma probabilmente non stai cercando di fare sesso con chiunque al lavoro. Con il tuo uomo, hai un obiettivo diverso... amare. Semplifichiamo: discutere non crea amore. Discutere, per definizione, porta a focalizzarsi sulle differenze. Qualche volta una bella discussione può essere stimolante per la relazione, ma solo se mantieni *l'amore* più grande della lotta o del tuo bisogno di aver ragione.
3. *Aprirti.* Un'altra necessità, per una relazione amorosa, è l'apertura. Ma è difficile. Le nostre vite sono piene di impegni, sono stressanti, e ci sono milioni di piccole cose, ogni giorno, che ti fanno venir voglia di chiuderti: viaggiare ogni giorno per lavoro, le tasse, e quel cretino del commesso, solo per dirne alcune. Se vuoi attrarre più amore nella tua vita, esercitati a essere aperta. Immagina che il tuo cuore proietti una luce rosa. Accendi la luce e *fatti condurre.* Limitati a proiettarla ovunque, come se fossi una fantastica luce stroboscopica da discoteca. So che suona sdolcinato, ma rimarrai *scioccata* da quanto sarà immediata la risposta. Gli uomini verranno attirati a frotte. E lo stesso faranno le donne e i bambini.

Se dovessi riassumere l'intero principio Femminile in una sola parola, questa sarebbe « ammorbidirsi ». Non hai più bisogno di proteggerti o difenderti. So che sto sostenendo un concetto radicale. Molte persone vanno in giro credendo di aver bisogno di proteggersi per non essere ferite, ma se tu abiti totalmente il tuo Femminile, smetterai di farlo.

Ora puoi correre questo rischio, per un paio di ragioni. Primo, se ti vuoi davvero bene, e se inizi un'importante relazione sessuale con un uomo che sai essere già impegnato con te con tutto il cuore, non avrai bisogno di proteggerti come in passato. Saprai che il tuo uomo ti ama e ti protegge, perché hai stabilito questo *prima* di legarti completamente a lui. Non è che non ti ferirà mai – lo farà – ma non dipenderà dal suo disumano disprezzo, tanto con te ha solo una relazione senza peso. Ancora più importante, è che quando coltivi il tuo Femminile consapevolmente, stai esercitando la tua connessione all'intangibile e all'invisibile... alla sorgente. Parleremo meglio della sorgente nel capitolo 10, ma ciò che voglio dire subito è che *non puoi mai essere davvero ferita.* Nessuno può. Perché c'è un luogo, in ognuno di noi – dentro di te – sempre sicuro, non importa quel che accade. Non perché sia isolato dal resto del mondo, ma perché è *oltre* questo mondo; un luogo di amore infinito del quale sei consapevole, quando sei totalmente nel tuo Femminile. Questo è ciò in cui stai mettendo radici, ed è anche il motivo per cui puoi essere un'amorevole presenza nelle vite del tuo uomo, dei tuoi figli, e di chiunque altro sia intorno a te, anche quando il gabinetto è ostruito e non c'è niente in frigo per preparare la cena. Perché sei *connessa* a qualcosa di più grande.

Potresti pensare che tutto ciò che sto dicendo sia lontano da te, invece è già tuo. È in te. Solo che questi doni eccezionali – l'intuizione, il mondo che gira intorno ai sentimenti, le capacità relazionali, e le capacità di *attrar-*

re ciò di cui abbiamo bisogno, vedere l'intangibile, ed essere sorgente di vita – non sono valutate nello stesso modo in cui la società considera la scienza missilistica, la tecnica bancaria, i goal, o in generale il modo maschile di essere. Nell'era tecnologica molte donne hanno abbandonato gli aspetti Femminili, tipici del nostro essere. Non di proposito. È più come se avessimo dimenticato quali sono, come funzionano nelle relazioni e perché abbiamo bisogno di loro; in parte perché non c'era nessuno che ci passasse questa saggezza collettiva. È come se fossi costretta a comprare un libro per capire come nutrire il mio bambino.

È giunto il momento di tornare a tutto questo, perché senza di esso le nostre relazioni mancano dell'ingrediente fondamentale per funzionare. La cosa bella è che, quando sviluppi tale ingrediente in te stessa, e lo porti nella tua relazione con gli uomini, lo porti anche nel mondo. Un uomo che incontra, vive e/o ama una donna profondamente consapevole e radicata nel suo Femminile, è – in sintesi – un uomo migliore, più consapevole e coi piedi per terra.

Perché Valerie non è sposata

La mia amica Valerie non si rende conto che il vivere nel suo Maschile le sta causando problemi in amore. Non dipende dal fatto che ha un'ottima posizione nell'ufficio commerciale di una stazione radio, e guadagna un sacco di soldi. E non perché ama lo sport, indossa i pantaloni, scala le montagne, ha i capelli corti, e qualsiasi altra cosa che possa ricadere nella definizione tradizionale di ciò che è mascolino. Possono pure essere aspetti maschili, ma non necessariamente hanno il potere di influenzare le relazioni di Valerie con gli uomini.

La ragione per cui dico che Valerie è nel suo Maschile è perché non sa come *lasciare che un uomo si avvicini a lei.*

Non considera se stessa una forza di attrazione, bensì una forza proattiva. Individua ciò che vuole e lo persegue, e assume quest'atteggiamento anche nel corteggiamento. Quando Valerie arriva a una festa, si guarda intorno per individuare quali uomini potrebbero interessarle. Se ne vede uno, spesso non esita ad andare dritta da lui e cominciare a parlare. Gli dà il suo numero di telefono, e se lui non lo usa, è lei a chiamare e mandare messaggi ed email. Qualche volta escono insieme, e qualche volta finiscono a letto. Lei considera questi appuntamenti un successo.

Io no! Questo genere di relazione può andar bene per una donna interessata a fare sesso divertente e senza impegno per un po', ma *non* sfocerà in un impegno per la vita. Per questo Valerie ha bisogno di coltivare il suo Femminile. Come direbbe il mio agente, deve lasciare che sia il gioco ad andare da lei. Ma Valerie insiste: dice che è giusto che le donne chiamino gli uomini, dice che i ruoli di genere sono stupidi, e che lei non vuole « giocare ». Nella sua mente, le donne hanno combattuto per il diritto di essere uguali, e questo significa agire come gli uomini in ogni ambito dell'esistenza. Valerie non sembra capire che, in più di dieci anni di corteggiamento « egualitario », non ha avuto una relazione a lungo termine con *nessuno* degli uomini che ha inseguito. (Lo so, ci sono delle eccezioni, ma, come ho detto, se stai leggendo questo libro probabilmente non sei una di queste.) Per una significativa maggioranza di uomini, ciò che fa Valerie, il modo in cui si comporta con loro, non è allettante. E con questo non sto dicendo che Valerie non abbia un bel volto o bel corpo (li ha). Ma se ci sono milioni di particelle, là fuori, che sfrecciano tutte intorno, quale di queste, se ce n'è una, sta per attaccarsi a Valerie?

Provo con un'altra metafora. Una relazione è come un set di pile messe in un, diciamo, vibratore. C'è un lato + (Maschile) e un lato – (Femminile). Perché quest'aggeggio inizi a vibrare, bisogna che le parti + tocchino le parti –. Due + e non succederà niente. Due – e non succederà niente. Ogni polo dev'essere allineato con il suo opposto, se vuoi che si accenda. E non può accenderti, se prima non si accende.

Quindi, ora capisci perché Valerie, facendo combaciare solo i +, fa morire le sue relazioni.

Appunti sulla mia vita come moglie, frequentatrice senza grande successo di uomini, e madre

Quando ho iniziato come moglie, ero nel mio Femminile con grande naturalezza. Perché? Perché avevo solo diciannove anni. Ero ancora in movimento come l'oceano (l'acqua è un potente simbolo dello yin) chiedendomi cosa avrei fatto della mia vita. Non è strano che fossi attratta dal tipo di uomo virile, come il mio primo marito. Era appena stato assunto in una delle più importanti aziende americane, e la stava scalando (le gerarchie sono una cosa da uomini) il più rapidamente possibile. Senza dubbio gli piaceva l'idea che fossi una persona di cui prendersi cura, lo faceva sentire potente, potente come un uomo. Sì, questa è una definizione semplice di «uomo», ma a livello profondo è una definizione valida per molte persone. Soprattutto per gli uomini.

Dieci anni dopo, sono diventata molto più sicura, avevo divorziato dal mio primo marito a ventidue anni, mi ero laureata, avevo vissuto in diverse parti del Paese, fatto un po' di soldi e consolidato una bella carriera nel settore dei telegiornali. Stavo alla grande, eccetto per una cosa: dopo aver diviso la mia vita con qualcun altro, senza soluzione di continuità da quando avevo quindici anni, improvvisamente non mi riusciva di attrarre un uomo, proprio nel momento in cui ero pronta a sistemarmi e ad avere un bambino. Non avevo idea del perché.

Tutto ciò che sapevo era che le ragazze che conoscevo, e di cui non avevo alcuna considerazione o che trovavo addirittura patetiche, avevano molto più giro di me. Mi rendeva furiosa. Volevo sentirmi superiore – dopotutto che obiettivi avevano conquistato *loro*? – ma mi riusciva difficile, visto che con gli uomini sembravano avere molto più successo di me. E anche se odiavo ammetterlo, il successo con gli uomini era importante per me. Volevo essere voluta.

In quel periodo stavo studiando l'I Ching e il sacro Femminile, e ho cominciato a capire cosa mi mancava. Non è che dovevo diventare più fragile o essere « meno » in qualche modo; ma avevo bisogno di radicarmi. Avevo bisogno di sviluppare il mio Femminile.

All'inizio *odiavo* l'idea. Dopotutto mi consideravo una femminista, anche se alla metà degli anni Novanta non ero più tanto sicura di cosa significasse, ma sapevo anche che ciò che facevo non funzionava. Però non ero ancora pronta a fare qualcosa che percepivo come « arrendermi ». Ho continuato in questo tira e molla che-io-sia-maledetta-se-lo-faccio-che-io-sia-maledetta-se-non-lo-faccio per un po' di anni.

Poi ho avuto la grandissima fortuna di essere messa incinta da un brav'uomo, con cui avevo iniziato a uscire e, nove mesi dopo, ho dato alla luce un bellissimo bambino. Durante questo processo di resa forzata, conosciuto anche come maternità, ho fatto la mia prima profonda conoscenza di ciò che significa veramente entrare nel potere Femminile.

Con la maternità ho dovuto a imparare a lasciar perdere obiettivi e progetti, e far solo quel che volevo. Sono entrata in un mondo fatto non di programmi, bensì di *cicli:* nutrire, dormire, svegliarsi e giocare. Ho dovuto sintonizzarmi con un'intera altra parte di me stessa:

quella che comprende intuitivamente, che può sentire un bambino respirare nell'altra stanza, che può preparare un ottimo spuntino. Ho iniziato ritrovando un centro creativo dentro me stessa: mi sono unita a un gruppo musicale, ho iniziato a scrivere musica, ho piantato un bellissimo giardino e ho imparato come tenere pulita la mia casa. Tutte cose di cui non m'importava quando ero una donna in carriera Maschile, anche se ben vestita.

Fu una grande sorpresa quando, alcuni anni più tardi, mi ritrovai di nuovo single, ma le cose – stavolta – erano differenti. Improvvisamente molti uomini volevano uscire con me. Com'era possibile?

Fagli desiderare di essere migliore

Recentemente la mia amica Lucia ha avuto un problema con un uomo che mi ha fatto pensare all'essere radicata nel Femminile.

Aveva un appuntamento al buio con un buon partito, un uomo d'affari di successo e pure bello, il tipo che conquista le donne con: «All'università mi sono specializzato nello studio della poesia». Fai soldi a palate *e* sei anche sensibile? Cominciamo a scegliere il vestito!

Ma quest'uomo si è comportato malissimo. Lui e Lucia avevano stabilito, via email, una data probabile per incontrarsi, che doveva essere il martedì della settimana successiva; lei non lo ha più sentito fino a mezzanotte e mezzo di quel martedì notte (tecnicamente, quindi, mercoledì mattina). L'Uomo della Poesia le ha scritto (naturalmente in maniera poetica) che aveva avuto una cena importante con i colleghi. Potevano, invece, bere qualcosa l'indomani sera (tecnicamente la sera stessa)?

Lucia voleva sapere cosa le consigliavo di fare. Le ho inviato questa email:

Cara Lucia,

prima di tutto, questa è stata una schifezza. Sapeva che avevate deciso per martedì... ecco perché aveva pronta una scusa e ti ha mandato un'email proprio quella notte. Quindi, perché menare il can per l'aia? Io sarei *totalmente onesta* con lui. Se dovessi avere la sensazione che c'è una speranza con quest'uomo uscirei per un drink e, una volta arrivata, sarei molto diretta:

Tu: Non sono quasi uscita con te questa sera. *(Sorridi)*

Lui: Davvero? E perché?

Tu: Perché è stato piuttosto squallido spedirmi un'email a mezzanotte e mezzo, proprio la notte in cui dovevamo uscire, per chiedermi di andare a bere qualcosa insieme la sera dopo. Che, poi, tecnicamente era la sera stessa.

Lui: (Senza parole)

Tu: Di regola non avrei neppure risposto, ma sei specializzato in Poesia, ho avuto la sensazione che potesse valerne la pena, quindi... ti sto dando un'altra chance. Ma... (*sorridi*) voglio che tu sappia, senza alcun fraintendimento, che non è *così* che funziona con me. *(Occhiolino, sorriso)*

Una delle due cose succederà: (1) capirà, e se davvero pensa che tu sei la sua donna, si comporterà di conseguenza e non lo farà mai più. O (2) non ti chiamerà mai più. In ogni modo, sei tu a vincere. Ho molti dubbi che (3) continuerebbe a uscire con te, comportandosi come un mascalzone, ma esistono uomini che pensano di essere autorizzati a farlo, e un importante uomo d'affari potrebbe facilmente rientrare in questo gruppo! Ricordati solo di amare te stessa più di quanto ami lui.

Baci,

Tracy

Ci siamo scambiate sedici email in tutto, ho detto a Lucia che quello era il momento in cui il tipo in questione avrebbe scoperto se lei gli avrebbe permesso di comportarsi male. Se così fosse stato, avrebbe avuto la conferma di poter agire negligentemente per tutto il resto della relazione. Al contrario, poteva mettercela tutta – alzando la posta – o tornarsene a casa.

Sono certa che gli uomini *vogliono sul serio* una donna che li forzi ad alzare la posta. Ecco il motivo per cui Jack Nicholson ha vinto un Oscar per aver detto a Helen Hunt che lei gli faceva venir voglia di essere un uomo migliore, in *Qualcosa è cambiato*. Perché c'è qualcosa nel Femminile che fa tirar su un uomo, cosa che tutte intuitivamente capiamo.

Per quanto riguarda Lucia, ha lasciato perdere il tizio, senza neppure uscire a bere qualcosa con lui. Una donna tosta.

Quel che bisogna sapere sugli uomini

Il mio aspetto non era migliorato e, visto che ero anche diventata mamma, avevo un bambino di tre anni a carico e una vagina con qualche migliaio di chilometri sul contachilometri. Perché, allora, gli uomini improvvisamente mi trovavano attraente, quando prima non potevo prendermi la clamidia neppure se ci provavo? Cos'era cambiato?

Per farla breve, ero cambiata io.

Non solo ero capace di preparare uno spuntino, ma potevo anche *sintonizzarmi* con un'altra persona, per esempio con un uomo. Potevo rapportarmi a qualcuno che non era focalizzato su di me, qualcuno che – e questo era davvero un grosso sforzo — probabilmente non poteva neppure rendermi felice. Per esempio, qualcuno che stava facendo i capricci, o aveva bisogno di mangiare, o che usava i gesti per comunicare. Ti prego, cerca di capire quel che sto cercando di dire. Non che gli uomini siano bambini (e, anche se lo stessi facendo, non sarebbe una brutta cosa: le *persone* sono bambini, Santo Cielo). Sto dicendo che saper gestire i propri sentimenti, anche stando con un essere umano che talvolta può essere davvero irragionevole, è fondamentale per costruire un matrimonio. E prima di sviluppare il mio Femminile, non lo sapevo.

Questo mi ha portato a una grande epifania sugli uomini: *hanno bisogno di noi.*

Oh, lo so che la cultura popolare insiste sul fatto che gli uomini vogliono *solo* fare sesso, ogni notte con una donna diversa. E a un certo livello – credo quello animale – può essere vero. (Mi piace essere un animale, come capita agli altri, quindi non penso sia una brutta cosa.) Ma la mia domanda è, perché poi non lo fanno? Perché si sposano? Soprattutto ora. Nel ventunesimo secolo nessuno *deve* sposarsi. Credo che la risposta sia: c'è qualcosa che gli uomini vogliono *anche di più,* di fare sesso ogni notte con una donna diversa. Qualcosa di cui hanno bisogno. Ed è una consistente sorgente di energia Femminile nella loro vita, che li aiuti a radicarsi emotivamente e spiritualmente e li aiuti ad aprirsi al mondo (okay, non tutti; George Clooney, evidentemente, si trova bene con delle amiche sulla trentina, che cambia più o meno ogni paio d'anni). E, a meno che non abbiano a disposizione un'altra sorgente di Femminile – come i surfisti, che passano molto tempo nell'oceano, o quanti prendono questo tipo di nutrimento da un'attività creativa, come suonare in una band – la grande maggioranza degli uomini ce l'ha grazie alla propria donna.

Questo funziona anche sul piano biologico. Se un uomo versa il suo, ehm, seme per terra non succede nulla. È solo della roba qualsiasi. Ma se lo deposita in una Femmina bella e attraente, be', arrivano i bambini. I geni dell'uomo passano alla generazione successiva.

Il meccanismo è lo stesso nel lavoro, qualsiasi cosa sia ciò che un uomo sta cercando di portare nel mondo. Grazie a una grande relazione sentimentale, prende energia dal fertile Femminile e può raggiungere più di quanto non avrebbe potuto in solitaria. Questo è il significato del detto: «Dietro ogni grande uomo c'è una grande donna».

La domanda che ti devi porre, a questo punto, è come diventare una di quelle donne con una grande riserva di energia Femminile.

Come devi cambiare

Be', non devi diventare madre, come ho fatto io, sebbene questo sia un modo per coltivare il tuo Femminile. Ciò che devi cercare di fare è invertire la tua batteria dal segno + al segno –, almeno per una frazione di ogni giornata. Idealmente, dovresti imparare a spostarti dal Maschile al Femminile, e viceversa, a seconda di quale energia è richiesta in una specifica situazione.

È come essere capace di scrivere con entrambe le mani.

Di seguito ci sono tre semplici tecniche per iniziare a cambiare la percezione che hai di te stessa.

1. *Sei una forza di attrazione.* Inizia a sperimentarti come forza di *attrazione*. Comincia con l'individuare dove stai già attirando a te persone, idee e cose. Per esempio oggi, a ora di pranzo, fai un esperimento. Prendi consapevolezza di te stessa mentre sei in coda, mentre ti siedi e mangi. Osserva chi ti guarda. Chi sta notando la tua energia ed è *attratto* da essa? Quando ti senti attratta da qualcuno – maschio o femmina, vecchio o giovane, anche cani e bambini – sorridi! Afferma il fatto che sei un essere attraente. Goditi la sensazione. Ricorda, il Femminile *sente*. Opera a livello di emozione e sensazione.
2. *Tu sei il premio.* Mentre inizi a percepire il tuo campo energetico di attrazione, comincia anche a considerarti un *premio*, perché è ciò che sei! Hai quel che serve a ogni uomo sul pianeta per soddisfare due ambizioni: passare i propri geni alla generazione successiva e realizzare dei progetti. Comincia a vederti come la sorgente di un'energia davvero potente. Energia che stai costruendo – « caricando », se preferisci – intanto che continui a sviluppare il tuo Femminile. Percepirti come un premio ti mette nella condizione di avere d'ora in avanti un approccio completamente nuovo agli uomini, che è...
3. *Lascia che sia il gioco a venire da te.* In termini biologici, sei un ovulo. L'ovulo – come Eminem, in quel film rap basato sulla sua vita – ha solo un'occasione, quindi è meglio che funzioni. Ecco perché l'ovulo dev'essere esigentissimo, quando concede l'ingresso a qualcuno. Di tutto lo sperma che cerca di arrivare a te, l'ovulo vuole solo quello migliore per il compito.

La donna radicata nel suo Femminile capisce che il suo investimento nel suo ovulo è *molto molto molto molto molto* più grande rispetto all'investimento dell'uomo nel suo sperma. Gli uomini sono fabbriche di sperma: producono cinquantasei trilioni di quegli scemi ogni giorno. Tu hai un ovulo al mese, e se lasci che qualcuno lo fecondi, saranno diciotto e più anni che investi in quell'ovulo. Devi *ovviamente* essere selettiva.

Ecco perché voglio che Valerie smetta di correre in giro, agendo come se il premio fosse lo sperma. Lo sperma costa poco. *Gli ovuli* sono il premio! Tu (come Valerie) non hai bisogno di sapere se un uomo vuole scoparti, cioè donare il suo sperma. La risposta è sicuramente sì! Ciò che devi sapere è: *quell'uomo manderà il tuo ovulo all'università*? Se non si è neppure scomodato a chiamarti o ad attraversare la stanza per parlarti, puoi star certa che la risposta alla domanda è un grosso, grasso no.

Questo è il motivo per cui d'ora in avanti non hai bisogno di facilitare le cose a un uomo che vuole invitarti fuori. Ti assicuro che quell'uomo, se ha avuto forte la percezione che tu sei ciò di cui ha bisogno – la sorgente di energia Femminile che gli serve – muoverà una montagna e sopporterà un sacco delle tue stronzate per stare con te. Perché è così che sono gli uomini: quando pensano di volere qualcosa, non possono essere facilmente dissuasi.

Lasciami dire anche questo: un uomo si sente *più forte* – in un modo positivo – con una donna radicata nel suo Femminile. Non serve solo ad attrarlo. Influenza anche il modo in cui ti relazioni a lui, una volta che avete una storia. Il Femminile dà struttura a una casa. Quando sono in un contatto sano con il mio Femminile – che per me significa coltivare la mia relazione con la terra, con il nutrimento, creando bellezza ed esprimendo emozioni – anche tutto il resto nella mia casa, intorno a me, è più radicato.

Come dice il detto popolare: « Una moglie felice è una vita felice ».

Non accettare il suo numero di telefono

Quando un uomo mi dà il suo numero e mi dice di chiamarlo, io scuoto la testa e sorrido dolcemente: « Oh, io non chiamo gli uomini », dico con sicurezza. Non fallisce mai nell'attirare la loro attenzione. Di solito drizzano la testa e mi guardano, perché capiscono che sta succedendo qualcosa di diverso, qualcosa cui non sono abituati.

Sono sicura anche che siano *più attratti da me*, da subito. Non necessariamente dal punto di vista sessuale: è che l'uomo deve sforzarsi per capire perché gli sto dicendo che non ho intenzione di chiamarlo. Mai. È vero che gli uomini amano la sfida e quando gli dici che devono *fare qualcosa* per essere presi in considerazione, immediatamente s'incuriosiscono. Un uomo potrebbe non essere abituato a una donna che si rapporta al corteggiamento in questo modo, ma rispondono quasi tutti.

È la storia dello yin e dello yang. Quando sei nel tuo Femminile, un uomo entrerà nel suo Maschile, l'alternativa è che si confonda e se ne vada. E se se ne va... ottimo, perché non vuoi passare il resto della tua relazione con un uomo che si comporta così, facendo l'equivalente di darti il suo biglietto da visita e chiederti di chiamarlo.

Dritte spirituali che ti aiuteranno a cambiare

Tutta questa storia del Femminile sembra divertente, vero? Uomini che ti chiedono il numero di telefono, ti chiamano, t'implorano di impegnarti... chi potrebbe lamentarsi? Be', non è così semplice, perché, almeno da un punto di vista spirituale, si tratta di *ricevere*. Un altro modo di dire che devi *concedere*. Sembra positivo finché non capisci che quando si tratta di frequentare qualcuno, significa che devi imparare un modo totalmente nuovo di comportarti.

Quando esci con un uomo da un mese e sta andando davvero bene, ma una volta capita che lui non ti chiami o non ti mandi un messaggio per uno o (Dio non voglia) due giorni, la tua mente inizia a pensare a come prendere contatto. Se sei stata nel tuo Maschile per tutta la vita, sembrerà strano non agire. Dopotutto, sai come ottenere ciò che vuoi! Eppure devi resistere a questa tentazione. Ricordati che hai bisogno di sapere una cosa sola: *quanto ti vuole?* Abbastanza per pagare per il matrimonio del tuo ovulo?

In pratica, questo è ciò vede il tuo Femminile. Quando incontri un uomo, devi verificare se gli piaci e saprai che gli piaci perché cercherà di incontrarti e di stare con te. Ricorda, lui vuole assorbire la tua energia! Potrebbe essere *un pochino* ondivago all'inizio, ma, di solito, se gli piaci, avrà un approccio diretto. E se lo fa, ti dovrai esercitare a riceverlo: la sua attenzione, le sue idee, il suo essere. Se sei stata nel tuo Maschile tutto questo tempo, vorrai dirgli cosa deve fare: indicando il parcheggio lì in fondo, dandogli consigli sulla carriera o facendo considerazioni sulla sua infanzia. Invece di fare tutto questo, dovrai stare in piedi, ferma, ad aspettare che l'altalena dondoli verso di te. Guarda cosa succede! L'uomo rivelerà una parte di sé che non hai visto in tutte le tue altre frequentazioni.

Quando esci con un uomo che ti piace davvero, le opportunità di rimanere nel tuo Femminile si presenteranno presto, perché in un certo senso tutta la faccenda del corteggiamento è su come sei radicata nel Femminile. Dovrai rinunciare all'abitudine di tentare di esercitare il controllo su quanto accade (ma solo quando si tratta delle tue relazioni intime: sul lavoro puoi continuare a essere forte quanto vuoi). Se sembra un esame, è perché lo è: un test per vedere se puoi amare te stessa più di quanto ami lui, non importa cosa accade. Si tratta di una capacità basilare per stare insieme.

Mentre sei impegnata a sviluppare questo talento tanto importante per stare insieme, guarda quest'uomo per vedere se ti piace come vive, perché se lo sposi, quella sarà la *tua* vita. Come dice la mia parrucchiera, *gli uomini non cambiano.* Non davvero. Possono migliorare un po' o anche molto, ma se è un labrador retriever, l'unica cosa che può fare un matrimonio è renderlo un labrador retriever migliore (o peggiore). Non diventerà mai, per esempio, un doberman pinscher.

Mentre eserciti tutto questo concedere/ricevere durante la frequentazione, noterai una squisita, nuova sensazione nel tuo corpo, che si chiama *vulnerabilità.* Non si presenta come una buona cosa, almeno non all'inizio. Ti pare di poter venire ferita seriamente da un uomo, perché in effetti è così. Se non stai facendo nulla per proteggerti, come tirare su muri, essere sarcastica, o fare sesso subito (perché il sesso sembra un'arma potente e, spesso, finisce col ridurre l'ansia di essere vulnerabile in una relazione), puoi sentirti male. Potresti sentirti ansiosa, piangere e provare un desiderio intenso di fuggire. Non ti preoccupare! È un buon segno. *Questa è la paura dell'intimità che hai avuto fino a ora.* In parte è il motivo per cui non hai mai voluto essere nel tuo Femminile: perché è difficile essere vulnerabile, ma ti assicuro che ti abituerai e mentre lo fai, scoprirai un tipo di potere completamente nuovo.

Questo potere viene dal sapere che se un uomo sta con te, è perché ti ama e perché vuole stare con te. Quando sei rilassata nel tuo principio Femminile, quando non stai provando ad « avere » qualcosa da un uomo, il Maschile *ti sceglie.* Non stai passando il confine per dargli la caccia e ucciderlo, e lui lo sente. Questa è l'essenza spirituale dell'impegno: quando si sceglie di avere una relazione stabile.

Perché tu sei il premio.

Quello che il prossimo fidanzato sarà contento che tu abbia finalmente imparato

Riassumiamo ciò di cui abbiamo parlato nel capitolo 9:

- ***Ti comporti come un uomo.*** Naturalmente è una buona cosa fare un sacco di soldi o amare la squadra dei Cardinals, ma quando si tratta di uscire con un uomo, inizia a vedere te stessa come una forza d'attrazione.
- ***Tu sei il premio.*** Non hai bisogno di sapere se un uomo vuol fare sesso con te, hai bisogno di sapere se è disponibile ad attraversare una stanza, chiedere il tuo numero di telefono e usarlo. Se non lo è, non è il tuo uomo. Vai oltre.
- ***Non si tratta di essere una «bambolina».*** Essere in un Femminile ben sviluppato non significa vestirsi di rosa o essere una persona meno completa. Significa essere radicata nella profonda conoscenza dei cicli, delle intuizioni, di un *altro* tipo di potere creativo. È già là; ha solo bisogno di essere sviluppato.
- ***Esercitati a essere ricettiva.*** Ama te stessa e la tua vita più di quanto ami lui. Credi nel fatto che avrai ciò di cui hai bisogno.
- ***Sii vulnerabile.*** Relazionarsi al tuo principio Femminile può essere spaventoso. Sarai tentata di tornare al tuo Maschile come difesa. Non farlo! Non hai bisogno di proteggerti dall'uomo che vuole costruire un futuro con te; tu vuoi *stare* con lui.

Capitolo 10
Sei senza dio
Se avessi potuto cambiare con le tue sole forze, l'avresti già fatto

1. C'è una parte di te che non crede più nella possibilità di trovare l'amore?
2. C'è un'altra parte di te che nel profondo crede esista qualcosa più potente delle difficoltà?
3. Sei disponibile a usare questa convinzione?

RICORDI QUANDO HO DETTO che sarebbe stato un libro spirituale? Be', ora ci siamo.

Questo è il momento in cui ti consiglio una cosa totalmente folle, che potrebbe spingerti a buttare il volume dall'altra parte della stanza. Ma io spero che la cosa totalmente folle ti porti tutto ciò di cui abbiamo parlato insieme in questi capitoli, sposti l'intero viaggio a un nuovo livello e ti conduca infine alla relazione – con te stessa, con gli uomini, con la *vita* – che desideri. Allora, cos'è questa cosa totalmente folle?

Voglio che ti trovi un dio (con la *d* minuscola).

Okay, so che dio è off-limits per un sacco di gente, ma mi riferisco a qualcosa di così elastico e così personale che quasi tutti – persino la donna più tenacemente atea – può trovarne uno che vada bene. Come uno di quei vestiti tubolari che vendono a tarda notte in TV, a 29.99 dollari, che puoi trasformare in un top, in una fascia o in una gonna. Quale che sia la versione di dio che ti serve, puoi averla.

Ti posso assicurare, però, che non mi riferisco a un tipo con la barba nel cielo che ti guarda tutto il tempo e ti darà una Mercedes e un marito se sei brava, e ti punirà se sei cattiva. Quello non sarebbe dio, ma Babbo Natale. E ti assicuro anche che ciò di cui parlo non appartiene a un particolare sistema di credenze: non è mormone, o induista, o scintoista, o buddista, o di Scientology (a meno che, naturalmente, tu non voglia che sia così). Forse non ami la religione in cui sei stata cresciuta, o forse *ami* la tua religione, e pensi che sia fantastica, l'unica per te. In entrambi i casi, quel che sto per dire riguarda anche te. L'unica ragione per cui lo chiamo « dio » è perché si tratta di una parola di cui tutti conosciamo il significato.

Un termine migliore potrebbe essere « spirito ». È quel che ti fa essere quello che sei: assolutamente unica. Qualcuno lo chiama Intelligenza Creativa. In *Guerre Stellari* lo chiamano Forza. Altri pensano che sia il Sé Superiore. Nella filosofia orientale è conosciuto come Tao (la Via). Lo puoi anche chiamare Jessica! Ma qualunque sia il suo nome, è il potere che sta dietro agli oceani, alla gravità, alla cioccolata e ai Beatles. È ciò che fa battere il tuo cuore.

Lo spirito risponde a qualsiasi nome e a nessun nome, e si trova ovunque. È il motore che ti porta ogni tipo di relazione tu stia davvero cercando, ma non solo: la conduce anche. Come ho detto, là fuori non ci sono persone perfette. Ciò che *c'è* là fuori è qualcuno con cui condividere un percorso, qualcuno che condividerà il suo percorso con te. Come saprai chi è quel qualcuno? Come dovrebbe essere? Cosa succede se quel qualcuno ha difetti, molto grossi, per i quali potresti aver paura di impegnarti con lui? (Puoi esser certa che sarà così, dopotutto, tu non sei perfetta, giusto? Allora, non lo sarà neppure lui.) Perché dovresti rischiare di rinunciare al tuo bellissimo appartamento ad affitto bloccato per un tizio come tanti, che non solo può vedere tutti i tuoi difetti, ma ha anche il potere di lasciarti? Niente di tutto ciò ha senso, a meno che tu non decida di farlo per qualcosa di più grande.

Di cosa si tratta

Questo ci porta al vero tema dell'intero libro: *l'amore*.

L'amore è la grande lezione che gli esseri umani devono imparare qui sulla Terra, se decidono di cercarlo, di vedere cosa c'è dietro il dare-e-avere. Amare qualcuno vuol dire accettarlo con i suoi difetti. Sposarlo per donargli amore nonostante quei difetti. Questo riguarda anche te. L'amore significa possibilità, e non è un messaggio da cartolina. Seriamente. Lo spirito è la soluzione per il tuo (ipotetico) « problema » di donna single: che sia la penuria di uomini, o che tu abbia bisogno di « darti una sistemata » per poter stare con qualcuno, persino il tuo essere un po' sciatta oppure sgualdrina. Lo spirito rende possibile ottenere (dopo aver letto il capitolo 9 ora sai che la parola precisa è « attrarre ») cose che sembrano essere impossibili, improbabili, o lontane da ogni tipo di logica difficoltà, almeno secondo i demografi, i pubblicitari o i biologi evoluzionisti. Ti diranno che per trovare un compagno, devi avere l'età giusta, o la bellezza giusta, o il giusto numero di ovuli rimasti. Ma lo spirito dice qualcosa di diverso.

Lo spirito dice che queste obiezioni possono essere realistiche, ma non sono *vere*. C'è una differenza. Quando lo spirito viene coinvolto nella tua vita sentimentale, non ci sono più difficoltà. Non esiste più la demografia. Ci sono solo due persone con un compito spirituale. E lo spirito muoverà le montagne e renderà possibile l'impossibile, perché accada. Nel profondo, nella parte più profonda del tuo cuore, tu sai che è così. Tutti lo sanno, ecco perché non ci stanchiamo mai delle storie d'amore. Una storia d'amore è solo un promemoria: l'impossibile e l'improbabile *possono* accadere e *accadono* sempre. Voglio che tu ti affidi a questa consapevolezza proprio ora, perché è la molla che la metterà in pratica.

E questo ci porta all'altro argomento al centro di questo libro: *la trasformazione*. Scusami per la parola dal sapore New Age, ma è proprio quella giusta per indicare ciò di cui sto parlando. La trasformazione è quel processo che ti porta dalla posizione in cui ti trovi al momento – e dove, forse, sei stata per tutta la vita – a essere qualcosa di *nuovo*, ciò che vuoi essere, che ti porterà la vita che desideri. Non è meraviglioso?

Ma c'è una cosa da dire sulla trasformazione: non puoi semplicemente *farla* accadere. Okay, aspetta, qualche volta puoi, ma solamente dal punto di vista fisico. Se fai quattrocento flessioni e addominali ed esercizi per i bicipiti ogni giorno, per un mese, il tuo corpo inizierà a essere muscoloso. Ma prova, per esempio, a comportarti come una stronza, o a essere supergelosa, o a voler uscire con uomini solo da 10. In questo caso i tuoi addominali non funzionano, perché la forza di volontà funziona quando funziona, ma quando non funziona non funziona. E quando non funziona, cosa può fare una donna?

È a questo punto che entra in gioco lo spirito. Coltivare e confidare in un potere più grande di qualsiasi altra cosa sulla Terra – per lo meno limitatamente ai tuoi cinque sensi – può portare un cambiamento, dove niente finora aveva funzionato. È lo stesso potere che ti porterà la relazione perfetta, e dei figli, comunque arrivino qui.

Poi c'è un'*altra* cosa che otterrai da un dio: *significato*. Il significato dà alla tua vita, e a quello che in essa accade, un senso di valore o importanza. Alcune persone non hanno bisogno di significato; per loro il significato non sembra necessario, o persino indesiderabile, nel senso di oppio-dei-popoli. Forse sei una di queste persone (se è così, lo sai). Molti dei miei amici laureati in filosofia condividono questa posizione. Nel loro mondo le cose sono del tutto casuali, e per loro va bene. Non per me. A me piace che ci sia un significato. Per esempio, nel mio mondo, quando ti sei seduta vicino a me alla Motorizzazione, è perché qualcosa stava cercando di accadere nella mia vita e aveva bisogno di te, perché la macchina si mettesse in moto. Improvvisamente eri lì per un motivo, e quel motivo fa parte di ciò che investiremo, lavorando sulla nostra relazione. Potrebbe tenerci insieme in qualche modo.

Ecco perché quando dai un significato a qualcosa di casuale, diventa una storia e, ormai lo saprai, io amo le storie. Credo che ogni buona relazione abbia bisogno di una storia. Come ho già detto, le storie sono il modo in cui gli esseri umani organizzano le proprie esperienze. Questo è molto importante quando si tratta di relazioni. Senza una storia, può essere molto più difficile sapere perché stai facendo lo sforzo di sopportare le stronzate di un uomo – non di tipo violento, solo banali stronzate quotidiane – e puoi star certa che ti capiterà, nei prossimi quarantacinque anni di matrimonio, di chiederti perché le tolleri.

C'è da aggiungere che probabilmente tu stai già dando dei significati a quanto ti accade, che lo voglia o no. Pochissime persone – tranne forse qualche pazzo che scriveva lettere ai nuovi conduttori di TG, quando lavoravo nelle loro redazioni – crede che *tutto* sia casuale. Se insisti, molte persone, persino i laureati in filosofia, ammettono che almeno qualche evento occorso nella loro vita ha dato loro la sensazione che una forza più grande stesse agendo, qualcosa che non potevano percepire con i cinque sensi, che forse non poteva essere misurato neppure col microscopio o telescopio più potente, o con una formula matematica. Non tutto può essere spiegato, men che meno un matrimonio.

Ecco perché – tra amore, trasformazione e significato – sviluppare un senso di spiritualità è il pezzo finale del puzzle che ti serve per essere pronta al matrimonio.

Appunti sulla mia vita come casa bisognosa di una bella ristrutturazione

Per i primi più o meno quattro decenni della mia vita, ero come una casa che – per dirla in modo caritatevole – doveva essere ristrutturata. In maniera seria. Sotto tutti quegli strati di brutta carta da parati e tappeti macchiati s'intuiva che c'era qualcosa di buono, ma tirarlo fuori non era tanto semplice.

In più, rimodellare la mia vita, il mio intero *essere*, sembrava faticosissimo. A quel punto del mio sviluppo spirituale, se non *vedevo* coi miei occhi, non potevo credere. Non era come se Ty Pennington e il suo team fossero pronti a venire da me e girare un episodio di *Extreme Makeover Home Edition*. Per me, vedere era credere. Se non potevo vederlo, non potevo crederci.

Ho capito poi che avevo invertito l'ordine delle cose. In effetti, *credere è vedere*. Ora, non ti sto dicendo di applicare pedissequamente tutto quello che leggi in *The Secret*, ma è vero che devi credere in qualcosa prima di poterlo vedere. Per esempio, fingi di stare per inventare qualcosa, come un cellulare. Prima che tu possa mettere insieme tutti quei piccoli aggeggi e cosini, devi immaginare di parlare al telefono mentre stai camminando intorno all'isolato, e poi devi credere *che sia possibile, in qualche universo, fare una cosa simile*, anche se hai passato la tua intera vita con il lungo filo del telefono che ti si attorciglia intorno alle gambe, mentre ti muovi per la cucina.

Solo quando avrai accettato queste due idee potrai iniziare (o inizierai?) a mettere insieme tutti quei piccoli aggeggi e cosini. Persino se dovessero volerci *anni* per passare attraverso le varie versioni provvisorie, come il cordless, che ti permette di arrivare solo dall'altra parte del giardino.

Questo è stato vero anche per la mia evoluzione personale: dal telefono fisso da cui ho iniziato, attraverso tutte le relazioni con il cordless, a dove sono ora, un luogo di fioritura. E – che io abbia una relazione oppure no – un luogo di amore per me stessa.

Perché Angie non è sposata

La mia vita sembrava un po' come quella di Angie, un bell'esempio di ragazza senza dio. In effetti, non è che lei non avesse un dio. È che il suo dio è *pessimo*. Ecco come identifichi il dio di qualcuno: è la persona, il luogo o la cosa cui si rivolge per risolvere i propri problemi. È quella cosa che fa tornare tutto a posto. È la cosa con cui si ha un rapporto compulsivo, ma solitamente non lo si ammette: si pensa solo che ci piace molto. È la cosa cui non si vuole rinunciare. Per Angie, si tratta delle *relazioni sentimentali*; quando non è con un uomo (e va bene qualsiasi uomo) Angie si sente irrequieta e infelice. Quando ha una relazione, anche una cattiva, la sua intera vita funziona meglio. Può sopportare una giornata dura al lavoro perché sa che c'è un uomo da cui tornare; come un bicchiere di vino alla fine della giornata, un compagno (anche se non è davvero interessato, o evidentemente sbagliato per lei) la calma e le ridà vitalità. Non solo, ma quando Angie ha una relazione (anche se disastrosa), alcuni dei suoi peggiori comportamenti si attenuano o spariscono del tutto: smette di bere tanto e la sua abitudine compulsiva a pulire non si nota più. Lei dice sempre che gli uomini le fanno bene, e in qualche modo è vero, ma ha trentaquattro anni e la faccenda comincia a non essere più tanto interessante... per lei e per loro. Dato che le relazioni hanno un ruolo centrale nel suo benessere, Angie ha sempre usato un approccio agli uomini in stile ruota panoramica: mentre un uomo è in cima a guardare il panorama, lei è impegnata a riempire di riserve i posti in basso. In questo periodo, però, sembra che siano meno gli uomini che vogliono farsi un giro con Angie, e questo sta avendo delle ripercussioni significative. La vita le sembra piatta e noiosa, sta meditando di prendere degli antidepressivi. Comincia a capire che per lei gli uomini sono molto più che partner, sono più simili a un potere superiore. Fanno per Angie quello che lei sembra non riuscire a fare per conto proprio, cioè portare alla luce l'aspetto migliore dei suoi muri, dei suoi pavimenti, delle sue finestre: il suo *sé*.

Ecco come sai che gli uomini sono il dio di Angie: hanno il potere di farla sentire meglio, più viva, più intera. Ammettiamo che si tratti di un vero problema, visto che quasi tutto nella nostra cultura ci dice che l'amore ci farà sentire intere, anche quando non lo siamo. E da un punto di vista chimico, è vero: l'amore arriva insieme ad alcuni ormoni molto potenti e altre cose che ci fanno sentire tutti nuovi di zecca. La differenza è che, mentre in tanti riescono a lasciar passare questa fantastica fase per entrare nella fase successiva della relazione, Angie deve continuare a cercare qualcosa di migliore. E per Angie «migliore» è un nuovo uomo.

Quel che bisogna sapere sugli uomini

Gli uomini non amano essere il *potere superiore* di una ragazza. Fa loro impressione, e per un buon motivo. Prima di tutto, a livello intuitivo, gli uomini sanno che se vuoi fare di *loro* il tuo potere superiore, vorrai anche rimpiazzarli con il prossimo uomo favoloso che incontri sulla tua strada. Capiscono anche che è una specie d'instabilità mentale a identificare in un altro essere umano, un mero mortale, la tua sorgente... se non sei più un'adolescente. E infine, ma non meno importante, gli uomini sanno che, quando li consideri la tua sorgente, tenderai a comportarti con loro come solitamente le persone fanno con un potere superiore: non facendo *assolutamente nulla*. Ed è davvero spaventoso.

Nessun uomo vuole stare con una donna che non farà *nulla* per stare con lui, perché in pratica di solito « nulla » si traduce nel trasformarsi in una qualche versione di disastro singhiozzante sulla sua porta, o nel traslocare accidentalmente nell'appartamento di fianco, quando lui ti lascia. Significa anche fare cose drastiche, rimanere incinta, oppure inoltrare le email che ti ha spedito al suo capo o a sua madre. Nessuno vuole una cosa del genere. Ciò che un uomo desidera è fidarsi di te. E se non puoi vivere senza un uomo, sei affidabile come una partecipante a Miss America durante l'intervista fatta per la competizione.

Ciò che ti rende affidabile è quando hai un qualche tipo di spirito-dio-Yahveh *che non sia il tuo uomo*. Nella discussione sul Femminile del capitolo 9 abbiamo parlato di come un uomo attinga dal tuo potere Femminile (letteralmente e figurativamente) per espandersi nel mondo. Quel potere viene dalla tua connessione con la sorgente, quindi non può venire da lui.

Avere la tua propria sorgente cambia anche il livello del pH della relazione in tre modi importanti. (1) Un uomo sa se starai bene con o senza di lui. Questo significa (2) che sa che è meglio che si comporti bene con te, perché non avrai alcun problema a lasciarlo, se non lo fa. Ma, forse più importante, (3) più grande è la tua sorgente, più lui diventerà capace di avere una relazione con te.

Questa è la « cosa » intangibile che spinge un uomo a scegliere una particolare donna come sua compagna di vita. Non quanto sei carina, o se vieni dalla famiglia giusta, o se sei andata nella scuola giusta. Tutte queste cose vanno bene, ma non sono le ragioni che fanno un buon matrimonio. Quando un uomo sa che, grazie alla relazione con te, potrà evolvere nella persona che sa di poter essere, allora *s'impegnerà*. E quando *tu* hai qualche tipo di potere superiore, puoi farlo accadere.

Come devi cambiare

Per nove capitoli abbiamo parlato di come devi cambiare. E ora siamo finiti in una sorta di circolo vizioso. Come devi cambiare... in modo che tu *possa* cambiare? Abbiamo già stabilito che se potessi limitarti a schioccare le dita e farlo accadere, lo avresti già fatto. Se le persone potessero farlo, in *Vita da strega* non si realizzerebbero i desideri come invece accade. Non ci interesserebbe la storia di una graziosa signora bionda della porta accanto che, arricciando il naso, ottiene un nuovo vestito o pulisce la casa; se fosse per noi, vorremmo con la stessa facilità sentirci subito meglio, o non fare più sesso con uomini che non ci amano. Comportamenti che abbiamo avuto per anni, probabilmente per decenni.

Ma il punto della questione è che, il più delle volte, noi esseri umani rimaniamo bloccati, e siamo come siamo, fino a quando, non si sa come, in qualche modo, *qualcosa* permette la trasformazione. In nome della semplicità vi sto suggerendo di chiamare quel *qualcosa* dio o, più precisamente, un *dio-spirito-come-vuoi-chiamarlo*.

Allora, dove ne puoi trovare uno? Be', la buona notizia è che te lo puoi fare per conto tuo. Gratis. Iniziando da ora. I dettagli di questa sorgente li decidi tu: è come Build-a-Bear,* puoi decorarlo come vuoi tu. Decidi co-

* *Build-A-Bear Workshop* è un grande magazzino che vende animali di peluche e di stoffa. La sua particolarità è che i giocattoli vengono personalizzati secondo le indicazioni dei clienti, in visita al negozio. (*N.d.T.*)

me concettualizzarlo, che sensazioni ti dà, quali sono le sue qualità, e cosa può fare per te. L'unica cosa di cui ti devi assicurare è che si tratti del medicinale più potente, quello che hai solo presentando la ricetta del tuo dottore e non la versione da banco. Devi immaginare una sorgente che ha potere a sufficienza per portare la trasformazione, cosa non troppo difficile. Ecco alcune qualità che mi piacciono molto in uno spirito. Sentiti libera di prenderne a prestito qualcuna o di idearne altre:

1. *È molto gentile.* Come una nonna. Non mi punisce mai e non cerca di insegnarmi lezioni dolorose. Non mi parla duramente e non devo stare particolarmente attenta: posso slacciare la cintura di sicurezza e camminare nella cabina di pilotaggio della vita. E anche sbattere contro gli oggetti.
2. *È davvero potente.* Può togliere ogni macchia, non importa quanto vecchia. Può togliere ogni macigno interiore (o esteriore), che impedisce i miei progressi, anche se è della dimensione del Connecticut.
3. *È compassionevole.* Pensa che sono adorabile anche quando sto sbagliando tutto. Mi dà sempre un'altra possibilità. Non esprime mai giudizi, anche quando sappiamo entrambi che la mia ultima débâcle stava per trasformarsi in, be', una débâcle.
4. *Conosce tutti.* Può far accadere gli incontri/coincidenze più incredibili. Può far apparire martedì prossimo un uomo carino che ho incontrato la settimana scorsa, in una parte completamente diversa della città.
5. *Cura.* Come la cheerleader del telefilm *Heroes.* Eccetto che può servire più tempo... tempo per sviluppare la pazienza, o altri aspetti di me che hanno bisogno di essere sviluppati.
6. *Si trova dove sei tu ora.* Anche a quell'impegno di lavoro terribile, cui non posso assolutamente mancare. Anche a Las Vegas. Più importante: la mia sorgente

non mi dice mai che se solo fossi in un altro posto, allora sì che potrei avere l'aiuto che necessito. È sempre proprio qui, proprio ora.

7. *Amorevole e pronto a perdonare.* Vuole il meglio per me, anche se qualche volta è difficile da capire. Non nutre rancore.
8. *Si occupa di tutto.* Lo sai perché possono lanciare una navicella spaziale che arriva su Marte dodici anni dopo, esattamente secondo programma? Perché il mio dio è *prevedibile.* Le cose vanno secondo un piano molto preciso, che mi piace pensare includa anche la mia vita.
9. *È come Twyla Tharp.* La mia *cosa* spirituale è una coreografa geniale. Le onde si muovono con le maree, che si muovono con la luna, che si muove con il sole. E tutto questo, mentre me ne sto seduta a guardare le repliche di *Seinfeld*, mangiando gelato di soia.

Una volta che ti sei trovata un *grosso qualcosa*, inizia a conoscerlo. Come? Be', prima di tutto inizi a vederlo ovunque. Vederlo ovunque funziona così: quando hai una canzone in testa, accendi la radio ed eccola lì; quando, per qualche ragione, stai pensando alla tua migliore amica delle elementari, vai su Facebook e lei ti chiede l'amicizia; o quando stai parlando del Perù e l'uomo con cui devi uscire quella sera sceglie un ristorante peruviano. Inizi a cercare, e trovi, l'*interconnessione* di ogni cosa, perché il punto importante è la connessione.

Non dico che dovresti vivere in un mondo magico, dove ogni coincidenza è la prova dell'esistenza degli alieni, o leggi il futuro nella targa dell'auto davanti a te, o che dovresti credere di comunicare telepaticamente con il bel tipo all'ufficio vendite. Devi rimanere coi piedi per terra! Ma quando inizio a guardare attentamente e, soprattutto, *sento* la mia strada attraverso eventi che sembrano coincidenze, capisco che queste cosiddette coincidenze accadono lungo tutta la giornata. Dopo qualche tempo, è diventato ovvio – almeno per me – che è difficile accadano quattro « coincidenze » in un periodo di trentasei ore, e quindi dopotutto forse non sono coincidenze.

Questo mi ha portato a vedere la vita in un modo completamente diverso. Per prima cosa, ho iniziato a pormi una nuova domanda: e se nulla di quanto mi capitava era casuale? Allora come dovrei considerarlo? Chiedermelo, specialmente sulle questioni sentimentali, mi ha obbligato ad approfondire le cose. Per esempio, se parto dal presupposto che un uomo che non mi sta richiamando è parte dell'interconnessione e non penso che dipenda da qualcosa di sbagliato in me, improvvisamente è molto più facile da accettare. Come ho detto, quando c'è un ordine superiore nell'universo, sai con certezza che l'uomo giusto per te non se ne andrà mai. Se è il tuo uomo, lo saprai, perché sarà seduto con te, alle otto e mezzo del lunedì mattina, durante la terapia, o porterà fuori l'immondizia senza che tu glielo chieda.

Una volta che hai fatto conoscenza con il tuo grande qualcosa, quel che accade poi è che *inviti* l'interconnessione-con-lo-spirito alla festa della tua vita. Diciamo che incontri un uomo molto carino a una raccolta fondi. Di sicuro, chiedi informazioni sul suo conto a un'amica e magari la incarichi di indagare un po', ma non è necessario darle il tormento, chiedendole per i prossimi due mesi se ha avuto l'occasione di verificare se gli sei piaciuta. Non hai neppure bisogno di cercare la sua pagina su LinkedIn. Perché, oltre ad aver fatto un paio di domande su quell'uomo sul piano terreno, sei andata anche dal tuo potere più alto. Hai detto: *Caro Grosso Qualcosa, se vuoi che io vada con quell'uomo, facci incontrare!* Poi ti tieni da parte, perché ti verrà a prendere e ti porterà a fare un'escursione. E se non lo fa, non significa necessariamente che non sarà *mai* il tuo uomo, ma non è il tuo uomo ora. E vivere ora è l'unico modo di essere vivi.

Quando inizi a comportarti così, potrebbe immediatamente venire a galla la paura che se non fai qualcosa, *qualsiasi cosa* – almeno andare su un sito di appuntamenti – non troverai quest'uomo (o qualsiasi altro) e finirai da sola. Ecco dove entra in gioco la *fiducia*. Ovviamente non hai il potere di far suonare quella canzone alla radio. Puoi cantare canzoni e accendere e spegnere la radio tutto il giorno, ma non puoi *farlo* accadere. Eppure in qualche modo l'universo lo fa e sai che può farlo perché vedi l'interconnessione al lavoro tutto il giorno. Non è possibile che ci possa essere tutta questa rete di interconnessione sul pianeta e che tu non ne faccia parte in qualche modo. Voglio dire, la forza di gravità non influisce anche su di te? Sei consapevole di come lo stia facendo proprio ora, quindi potresti anche credere che l'interconnessione riguardi pure te.

C'è un'altra parola per questo: ti senti *ben disposta*. Questa è la chiave per la trasformazione. Perché? Perché puoi sperare che qualcosa si presenti alla tua porta, ma è la disponibilità ad aprirla. Prendiamo l'esempio del matrimonio. Vorresti un rapporto meraviglioso, ma in una rivista leggi che nella nazione dove vivi, di uomini decenti liberi non ne è rimasto neppure uno. Apparentemente qualcuno è andato di porta in porta e ha scoperto che o sono tutti sposati, o sono gay o si sono trasferiti a Porto Rico (questo è un esempio ridicolo, ma in realtà mi sembra di leggere questo articolo ogni giorno).

È il momento in cui devi sentirti disponibile. Sei disponibile a vedere tuo marito materializzarsi, in qualsiasi modo, magari per una specie di miracolo o per intervento del potere superiore? Voglio dire: puoi ammettere la possibilità che magari un uomo – il tuo – ha perso il volo per Porto Rico ed è rimasto bloccato qui, e sta entrando nel bar dove sei seduta proprio ora? E anche se non puoi crederci per i prossimi mesi, puoi crederci per i prossimi cinque minuti? Se la risposta è no, la tua scelta – ed è una *scelta* – è di rinunciarci. Allora chiuderai il tuo cuore. Ti proteggi dalla delusione chiudendoti alla possibilità di ottenere ciò che vuoi. Questo è ciò che molte donne single fanno, ed è il motivo per cui talvolta si dà la sensazione di essere ferite o arrabbiate. Il cuore si chiude e questa chiusura è palpabile: sia per la diretta interessata sia per la persona con cui sta parlando.

Quel che voglio che tu sappia è: se senti che niente accadrà mai, *non vuol dire niente.* È solo il segno che la tua disponibilità ora è nascosta dalle nuvole e hai bisogno di aprirti di nuovo alla possibilità. E ancora e ancora. E questo ci porta al grande, gigantesco, punto finale di questo libro. Sei pronta?

Dritte spirituali che ti aiuteranno a cambiare

Se c'è un concetto di questo libro che mi auguro porterai con te, è il seguente: il matrimonio è un percorso spirituale. È un *esercizio*, l'esercizio di dimostrare amore a te e a un uomo (e, più tardi, ai tuoi bambini, se ne avrai, così come agli altri membri della tua famiglia e della tua comunità).

La capacità di tenere aperto il cuore a dispetto delle difficoltà – interiori e oggettive – sarà la base del tuo matrimonio. Questa vita di esercizio non inizia necessariamente quando dici: « Lo voglio ». Alcune donne hanno bisogno di impararlo per *sposarsi.* Altre (come me) devono impararlo per *tenersi il matrimonio.* E altre donne ancora sono nate sapendolo già (buon per loro, giusto?). È solo un problema di dove e quando iniziare. Dobbiamo pur cominciare da qualche parte.

Esercizio + *disponibilità* + *sorgente* (il tuo sé superiore): insieme risolveranno ogni singolo ostacolo, mentre diventi la persona che vuoi essere, e spianeranno la strada della tua vita perché tu possa evolvere.

Ecco un modo in cui visualizzo come unire questi tre elementi: immagino una rovina maya. Poi immagino quel che sto cercando di lasciar andare. Diciamo che si tratti della paura dell'abbandono: questa è una prova dura per me. Prendo la paura dell'abbandono e la tengo in mano – come i Maya potrebbero aver tenuto un cesto di manghi – e salgo i milioni di piccoli gradini della piramide che portano a dove si lasciano le offerte al dio sole, o una cosa così. E sebbene sia molto difficile lasciare quel grosso cesto di manghi – perché, nella mia mente, la paura dell'abbandono mi sta difendendo da chi potrebbe ferirmi, quindi rinunciarvi è un grosso sforzo – sono disponibile a farlo, perché d'ora in avanti lascerò che lo spirito gestisca la mia vita. Ogni suo aspetto.

L'unica ragione per cui sono disponibile a provarci è che ho quarantasette anni e gestirmi da sola non ha funzionato. Ho provato, fin quando è stato possibile. Mi ci sono voluti tre divorzi e un sacco di lezioni penose. Così, alla fine, sono stata disposta a sospendere il durevole tentativo di gestire le difficoltà amorose a modo mio, e provare qualcos'altro.

So che probabilmente ti starai chiedendo come possa funzionare visualizzare manghi e rovine maya (suona come far nulla, non è così?), ma so per esperienza che se il passaggio viene fatto interiormente, allora la trasformazione *accadrà;* fino a quel momento non accadrà. Tutto gira intorno a un mutamento interiore. Come ci arrivi non ha davvero importanza; puoi usare qualsiasi cosa, dalla danza spirituale alla meditazione al volontariato alla capanna sudatoria. Ogni persona ha la sua:

una specie di esca, che funziona in combinata al tuo dio su misura. Tutto ciò che so per certo è che se continui a impegnarti sul tuo mutamento interiore, questo avverrà. Per parafrasare quel film sul baseball, se lo costruisci, il cambiamento arriverà (anche se probabilmente non con un giovane Kevin Costner).*

Alcune persone pensano a dio come all'*amore*. È davvero una bella definizione per trasformare te stessa, perché ti aiuta ad ammorbidirti laddove desideri cambiare. Per esempio, ti permette di pensare ai motivi per cui non sei sposata come a dettagli fuori posto nella tua vita, come quando apparecchi la tavola e il coltello è dalla parte sbagliata o il cucchiaio un po' storto. Queste cose non sono per forza la prova che ci sia qualcosa di orribile in te, ti stanno solo mostrando dove hai bisogno di mettere ordine.

Puoi dire anche che ogni singola ragione, per cui non sei sposata, è originata dalla paura. Paura che non avrai ciò di cui hai bisogno. Paura che perderai quello che hai. Il bello dell'amore è l'antidoto alla paura. Se ti limiti a guardare gli ambiti della tua vita in cui alberga la paura e la illumini con la luce dell'amore, inizierà a trasformarsi.

Quando sei più concentrata sull'amore che sulla paura, ti mostri con naturalezza come piena di grazia. Sai che c'è chi si prende cura di te, quindi non sei avida o superficiale. Non c'è bisogno di mentire, perché non sei preoccupata di trattenere una persona nella tua vita, se non vi appartiene. Non pensi neppure più a queste cose. Sai che vieni alimentata come una margherita in un campo, tutto quello che devi fare è voltarti verso il sole. Non cerchi di accaparrarti nulla. È lì, e tu ci sei dentro.

Come ho detto, sul tuo sentiero per il cambiamento

* Si riferisce al film *L'uomo dei sogni*. (*N.d.T.*)

dovrai affrontare delle sfide. Le difficoltà renderanno difficile continuare su questa strada. Le più grosse sono:

1. Quando sembra che tu non stia cambiando.
2. Quando sei davvero cambiata, ma ancora non hai ottenuto ciò che volevi.

Entrambi questi problemi apparenti hanno la stessa soluzione: più esercizio. Anche quando sembra che niente stia accadendo e la tua mente inizia a dirti che il cambiamento non avverrà mai, o che la tua vera vita non si concretizzerà, continuare a tornare alla tua visione, *alla tua sorgente* è una responsabilità che hai verso te stessa (e il tuo futuro marito). Ancora e ancora.

E ancora e ancora e ancora.

Ci saranno momenti in cui non sarai capace di immaginare come potrà *mai* accadere (si chiama anche perdere la fede). Non preoccuparti.

Ciò che il tuo cuore desidera non è sparito, non lo ha mai fatto, si è solo temporaneamente nascosto alla vista. Il tuo compito consiste solo nel tornare al *sì*.

Sì a te. Sì a lui. Sì a tutto il maledetto mondo, in realtà.

Questa è la cosa meravigliosa: è un processo uguale a quello che affronterai come moglie straordinaria. Dovrai rimanere nel *sì*, non importa cosa succede nel tuo matrimonio. In salute e in malattia. In ricchezza e in povertà. Nel bene e nel male. Sarai il principio Femminile, connesso a qualcosa di più alto del saldo del conto corrente, dei risultati degli esami, dei tempi difficili e di una testa piena di capelli.

È un principio che coltiverai. E sarai una gioia per le persone intorno a te. Sarai la luce delle loro vite. Ogni genere di cose e persone buone e meravigliose saranno attratte nella tua vita. E prima che tu lo sappia, scoprirai che stai per diventare la moglie di qualcuno.

Proprio come sapevo che sarebbe accaduto.

Ciò che ora sai

Riassumiamo il capitolo 10:

- ***Sei senza dio.*** Coltiva l'idea di una sorgente che può portare un cambiamento in te e nella tua vita, anche là dove qualsiasi altra cosa ha fallito.
- ***Costruisci il tuo dio.*** Il tuo spirito può essere qualsiasi cosa tu voglia. Dagli le qualità che desideri abbia; non farti limitare dalle definizioni di «dio» con cui sei cresciuta, o quelle date da altri. Questo è qualcosa di davvero personale. Non devi difenderlo da nessuno. E sappi che la tua definizione di spirito può crescere continuamente, e cambiare mentre tu migliori e cambi.
- ***Non rendere gli uomini il tuo potere superiore.*** Non gli interessa il ruolo e, per di più, non ne sono capaci.
- ***Diventa disponibile.*** È la chiave del cambiamento. Accettare l'eventualità che l'improbabile o l'«impossibile» possano accadere è una scelta. Falla! L'unica altra opzione è chiudere il tuo cuore, e se chiudi il tuo cuore – anche se è chiuso solo agli uomini, ma lo tieni aperto per i cagnolini – potrai rinunciare alla forse più grande opportunità della tua vita per espanderti come essere umano.
- ***Inizia a esercitarti.*** Il matrimonio è un sentiero spirituale. È l'esercizio di dare amore, a te stessa e a un uomo. E non inizia quando le persone ti tirano il riso e caricano un video tenero del vostro primo ballo insieme su YouTube. Comincia *ora.* Forza!

Epilogo

COM'ERA PREVEDIBILE, HO CONOSCIUTO UN UOMO. Un mese dopo l'uscita dell'articolo *Perché non sei sposata* apparso sull'*Huffington Post*, ero seduta in una libreria/caffetteria a scrivere sul mio computer, quando lui si è seduto di fianco a me, con la barba e un cesto vuoto per il bucato. Abbiamo iniziato a chiacchierare. Nel giro di mezz'ora abbiamo parlato degli ormoni maschili dei legami, dell'ossitocina, di mio padre il criminale, di suo padre veterano del Vietnam, di mia madre la prostituta e di sua madre la spiritista; e dopo che è stato chiaro che i suoi vestiti probabilmente si erano così asciugati da essere diventanti croccanti, ed era tempo di andare, mi ha chiesto il numero di telefono: «Dobbiamo continuare a parlare», ha detto. Mi ha mandato un sms quella notte, e il giorno dopo abbiamo fatto un'escursione di tre ore.

Ci siamo innamorati. Abbiamo iniziato una relazione. È stato (al momento in cui sto scrivendo) otto mesi fa. È straordinariamente intelligente, stimolante nel modo migliore, e non accetta niente delle mie schifezze. Una tripletta.

Ed ecco cosa ho scoperto: *io sono tutto ciò che c'è in questo libro!* Naturalmente lo sapevo già, ma sembrava tutto così teorico quando ero single. E sono stata single per un bel po'.

Negli ultimi sei mesi, ho scritto di queste cose mentre le vivevo. E lui le ha vissute con me, Dio lo benedica. Perché non è stato bello ogni secondo della giornata. Qualche volta c'era il mascara che colava sulla mia faccia, e i capelli sembravano il nido di un topo. Altre volte è sublime... un *qualcosa* di meraviglioso, sorprendente, notevole, che toglie il fiato come non avevo mai sperimentato prima.

In altre parole, è *reale*. Siamo solo due persone che stanno facendo la loro vita. Abbiamo le nostre speranze, le nostre paure, i nostri sogni, le nostre cose belle e quelle che non lo sono. Soprattutto abbiamo la nostra disponibilità ad amarci per un altro giorno, proprio come siamo. È davvero un regalo.

E per quanto riguarda il matrimonio? Dopo otto mesi di relazione, è troppo presto per parlarne. Ma posso dirti questo: ci stiamo pensando.

Ringraziamenti

Innanzitutto, voglio esprimere la mia gratitudine a tutte le donne (e gli uomini) che mi hanno aperto i loro cuori e hanno condiviso con me le loro storie. Il mondo cambia quando qualcuno si racconta onestamente, e qualcun altro ascolta con l'anima. Posso solo sperare che questo libro – nonostante l'irriverenza e le parolacce – onori le molte conversazioni che ho avuto nel corso degli anni, in modo da portare più d'amore nel mondo. Grazie per avermi fatto partecipare al vostro viaggio.

Ringrazio moltissimo la mia editor, Pamela Cannon – e l'intera squadra della Random House/Ballantine – per aver reso un piacere realizzare questo libro. Voi ragazzi siete come un coniuge coi fiocchi: mi avete supportata, incoraggiata, e mi avete sempre fatto credere che ci sarei riuscita.

Grazie anche al mio team alla WME, in particolare alla mia agente Andy McNichol, per il suo straordinario intuito. E a Nancy Josephson, Tom Wellington, Kirby Kim, Simon Faber e Adriana Alberghetti: vi sono così grata per il vostro sostegno e per il vostro lavoro. Ci siete sempre quando ho bisogno di crescere, e non potrò mai ringraziarvi abbastanza per questo.

Un ringraziamento speciale va ad Arianna Huffington e Roy Sekoff di *The Huffington Post*, per avermi dato uno spazio dove poter dire quel che *veramente* penso. Senza di voi, questo libro non sarebbe ciò che è. Grazie anche a Hallie Seegal e Sara Wilson per essere redattrici così intelligenti e perspicaci.

Devo anche ringraziare Jill Soloway per molti motivi:

1) Per avere creato *Sit 'n Spin*, il calendario di monologhi, durante il quale ho recitato l'articolo originale *Perché non sei sposata*. Quella notte ha cambiato la mia vita come scrittrice. 2) Per essere un'amica e una mentore meravigliosa, e 3) per avermi ricordato di cosa si tratta: essere d'aiuto agli altri. Questo libro non ci sarebbe senza di te, signora.

Grazie anche a Carrie Byalick, Molly Kawachi, Victoria Taylor, Natalie Lent e l'intera banda di ID PR, per essere così grandiose. Dirò solo questo: signore, voi da sole riuscite a farmi fare pace con la mia pessima infanzia.

Il massimo dell'amore e della gratitudine vanno a mio figlio quindicenne. Sei saggio. Sei la mia ispirazione. E come qualsiasi altro genitore, tutto quello che posso fare è scusarmi tanto e sperare che un giorno, forse, con un po' di fortuna, dopo aver compiuto trentacinque anni, avermi avuta come madre non lo considererai una disgrazia totale.

Infine, a Luke la mia più profonda gratitudine. Sono impressionata dalla tua pazienza, dal tuo coraggio, dalla tua saggezza e dal tuo amore. Hai vissuto con me ogni passaggio di questo libro, e sei rimasto con me dovunque mi abbiano portato queste pagine, fatte apposta per spingere una donna a scavare nel profondo. Sei un eroe! Durante il processo, mi hai dato il regalo più importante: l'opportunità di amare di più e meglio. Ti sono grata più di quanto le parole non possano dire e ti amo.

Fotocomposizione Editype s.r.l.
Agrate Brianza (MB)

Finito di stampare
nel mese di ottobre 2012
da Grafica Veneta S.p.A. di Trebaseleghe (PD)
Printed in Italy